Zu diesem Buch

Mit älteren Kindern zu spielen – das fällt vielen Erwachsenen nicht schwer. Spielen mit kleineren und ganz kleinen Kindern dagegen wird oft als ausgesprochen mühsam empfunden. Diese kleinen Dötze spielen ja noch nicht «richtig»: entweder sie wollen immer nur das gleiche machen, die gleichen Lieder singen, die gleichen Türmchen bauen, oder sie sind sprunghaft und bleiben nur kurz bei einer Sache.

Aber dennoch stimmt es: die Kinder wollen mit uns spielen. Und: sie brauchen das Spielen mit uns für ihre Entwicklung.

Je mühsamer uns aber das Spiel mit ihnen vorkommt, um so weniger Spaß haben wir daran – und um so weniger Freude empfinden auch die Kinder. Und das wiederum legt unsere Phantasie lahm, macht sie unfruchtbar.

Hier greift dieses Buch ein, indem es unserer ausgedörrten Vorstellungskraft wieder auf die Sprünge hilft. Mit seinen vielfältigen praktischen Beispielen will es Anregungen geben, sich Kindern intensiver und mit mehr Freude zuzuwenden. Zugleich will es helfen, ein besseres Verständnis für die Besonderheit und die Bedeutung des Spiels der Kleinen zu entwickeln.

Beides greift in der Praxis Hand in Hand.

Die Ideen wurden von der Autorin gesammelt, im täglichen Umgang mit den Kindern erprobt und weiterentwickelt und in einer mehrjährigen Praxis in Treffs mit kleinen und ganz kleinen Kindern differenziert und ausprobiert.

Dies Buch ist eine hervorragende Ergänzung zu Raimund Poussets «Fingerspiele und andere Kinkerlitzchen» (rororo sachbuch 7774).

ANNE-BÄRBEL MÜNCHMEIER, Jahrgang 1943, Studium von Theologie und Erziehungswissenschaft, anschließend einige Jahre Gemeindearbeit. Nach der Geburt ihrer ersten Kinder, Katja (1972) und Annika (1975), arbeitete sie beim Aufbau von Kleinkindertreffs mit. Darüber veröffentlichte sie 1982 den Titel «Kleinkinder-Treff». Daneben freiberufliche Rundfunkarbeit («Grüner Punkt») und Tätigkeit in sozialpädagogischer Aus- und Fortbildung. 1982 Geburt des dritten Kindes, Niklas.

Anregungen und Kritik bitte an folgende Adresse:
Büro für wissenschaftliche Publizistik Dr. Horst Speichert,
Teutonenstr. 32b, 65187 Wiesbaden
Hier erhalten Sie gegen Voreinsendung eines als Standardbrief frankierten DIN-C6-lang-Umschlags einen Prospekt der Reihe «Mit Kindern leben».

Anne-Bärbel Münchmeier

Spielen mit kleinen Kindern und Babys

Ideen – Anregungen – Spielzeug im Test

Mit Fotos von Christian Rost

Rowohlt

Dies ist ein Buch aus dem
Büro für wissenschaftliche Publizistik
Dr. Horst Speichert
Teutonenstr. 32 b
65187 Wiesbaden

Redaktion: Andreas Wagner

Umschlaggestaltung Peter Wippermann/Jürgen Kaffer
(Foto: Christoph Heinz)

104.–109. Tausend September 1996

Originalausgabe
Veröffentlicht im Rowohlt Taschenbuch Verlag GmbH,
Reinbek bei Hamburg, Mai 1985
Copyright © 1984 by Rowohlt Taschenbuch Verlag GmbH,
Reinbek bei Hamburg
Alle Rechte vorbehalten
Satz Times (Linotron 202)
Gesamtherstellung Clausen & Bosse, Leck
Printed in Germany
1290-ISBN 3 499 17900 8

Inhalt

Was ein kleines Kind zum Spielen braucht

* Erwachsene, die das Spiel der Kinder ernst nehmen, es beobachten und mit Lob und Anerkennung unterstützen, die sich auf ein Spiel einlassen, wo sie gebraucht werden, und die sich zurückziehen, wo sie überflüssig oder gar störend sind

* andere Kinder, an die es Ideen weitergibt und von denen es Ideen übernimmt, mit denen es sich streitet und wieder versöhnt, denen es hilft und von denen es Hilfe bekommt

* Ruhe und Ungestörtheit, in denen sich ein Spiel entfalten kann

* die Zeitspanne, in der es auch zu Ende gebracht werden kann

* eine räumliche Umgebung, in der es sich ohne allzu große Reglementierung frei bewegen und selbst aktiv werden kann

* die Möglichkeit, vielerlei Erfahrungen und Entdeckungen zu machen: mit Gegenständen, Materialien und Situationen umgehen zu lernen und mit ihnen zu experimentieren.

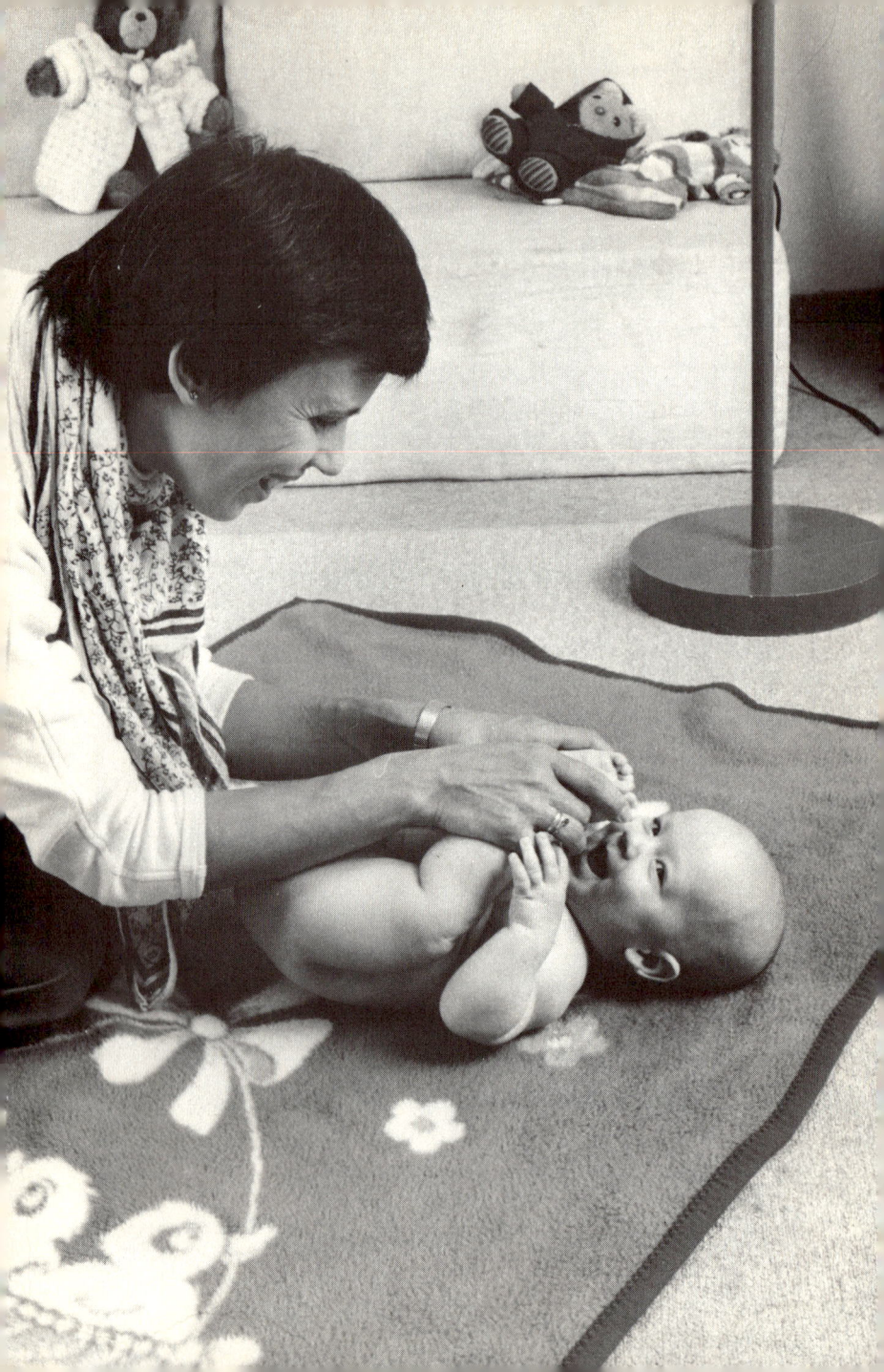

Kapitel 1

Geht denn das: Spielen mit ganz kleinen Kindern?

«Ich finde es falsch, einen Ratgeber für das Spielen mit kleinen Kindern zu schreiben. Wann ‹spielen› kleine Kinder? Eigentlich immer: Ob sie nun ein Auto vor sich herschieben, ob sie versuchen, sich einen Schuh anzuziehen oder ob sie einer Blume die Blütenblätter abzupfen.»

Friederikes jüngster Sohn, der eindreivierteljährige Till, stand neben ihr und riß seelenruhig ein Blütenblatt nach dem anderen vom Gänseblümchen ab. «Wenn du ein Buch darüber schreiben willst, mußt du notgedrungen so tun, als wäre Spielen etwas Besonderes – und dann wird es eben falsch. Oder du schreibst über alles – und dann wird es uferlos und damit überflüssig!»

Alle Blätter lagen auf dem Boden, Till betrachtete den kahlen Rest und schmiß ihn achtlos weg. «Mama, Hause gehen.» Er zog die Mutter kräftig an der Hand. Wir konnten nicht weiterreden und vertagten das Gespräch auf den Abend. Ich war über diese grundsätzliche Kritik verblüfft und wollte Genaueres hören. Zu einem Gespräch lud ich zwei weitere Freundinnen ein: Rosemarie, die eine zweieinhalbjährige Tochter, Monika, hatte, und Anke, von der ich wußte, daß sie als Leiterin eines Kleinkindertreffs* immer wieder nach neuen Spielideen für ihre Gruppe suchte. Ihre beiden Buben gingen schon zur Schule.

Als wir am Abend zu viert in unserem Wohnzimmer bei einem Glas Wein zusammensaßen, erzählte ich den beiden von dem kurzen Gespräch und Friederikes ablehnender Haltung gegen mein Projekt. Sie griff den Faden gleich wieder auf: «Mir ist das Gespräch noch nachgegangen. Also ich finde einen solchen Ratgeber für kleine und ganz kleine Kinder wirk-

---

* Sechs bis acht Mütter und ihre Kinder treffen sich als feste Gruppe regelmäßig zu gemeinsamem Spielen, Singen, Basteln und Reden. Siehe auch: A. Münchmeier: Kleinkindertreff, Anregungen für die Zeit zwischen Krabbelalter und Kindergarten, rororo Mit Kindern leben 7475

lich nicht gut. Mit größeren Kindern ist das etwas anderes: Sie haben eindeutige Spiele, mit einem Anfang, einem Ende und klaren Regeln. Bei ihnen kann man zwischen Spielen und anderen Beschäftigungen sinnvoll unterscheiden. Für sie könnte man natürlich Anregungen und Tips geben. Aber bei den kleinen Kindern ist Spielen doch wirklich eine völlig andere Sache.»

Und die Sache mit der Schere?

Hatte Friederike recht? Natürlich kann man alles, was die Kleinen tun, Spiel nennen. Sie sind immer dabei, zu entdecken, auszuprobieren, zu erforschen, zu üben, nachzumachen.

Da ist das Baby, das einen Löffel in der Hand hält: Es betrachtet ihn, dreht ihn vor den Augen hin und her, beißt in das eine Ende, wechselt in die andere Hand, dreht ihn wieder usw.

Da ist das Krabbelkind, das sich mit großem Eifer bemüht, eine Stufe zu erklimmen, immer wieder, bis es gelingt. Muß man das alles als «Spielen» auffassen?

Friederike ereiferte sich: «Wenn du über das Spielen der Kleinsten schreiben willst, mußt du über alles schreiben, was sie machen, und über den Umgang der Eltern und Kinder miteinander.»

Anke hatte bis jetzt aufmerksam zugehört. Ein wenig unwillig fuhr sie dazwischen: «Mir geht das jetzt zu schnell und zu grundsätzlich. Natürlich beschäftigen sich kleine Kinder mit allem, was ihnen unterkommt und was ihnen begegnet. Aber: Was kommt ihnen denn unter und was nicht? Ich hatte da im letzten Treff ein Erlebnis: Alle Kinder stürzten sich begeistert auf die Kinderscheren und die Trinkhalme, die sie zerschneiden durften. Ein zweieinhalbjähriger Junge hatte zunächst große Schwierigkeiten, die Schere richtig zu halten. Doch als er es raushatte, schnitt er begeistert Halm für Halm in viele kleine Stücke. Seine Mutter war verblüfft: Er hatte vorher noch nie eine Schere in der Hand gehabt. Sie war gar nicht auf die Idee gekommen, daß er an einer solchen Beschäftigung Spaß haben könnte. Vielleicht hätte sie diese ‹Spielidee› übernommen, wenn sie jemand darauf gestoßen hätte.»

Rosemarie nickte zustimmend: «Ich muß sagen, ich bin auch sehr froh, wenn ich auf Anregungen stoße. Ich weiß nicht, ob ich besonders einfallslos bin, aber ich habe oft keine Idee, was ich mit Monika machen oder was ich ihr zum Spielen anbieten könnte. Es gibt Tage, da nerven wir uns gegenseitig. Vielleicht hat Monika nicht genug zu tun, oder sie kann nicht genug Spannendes machen. Aber das kann sie natürlich nicht sagen und ist dann oft unleidlich und quengelig. Ich fühle mich nach einem solchen Tag richtig erschöpft. Es geht mir viel besser, wenn wir etwas unternehmen oder ein schönes Spiel gelaufen ist.»

Mir ging es oft genauso wie Rosemarie: «Als Niklas noch kleiner war, bis eineinhalb Jahre, war das viel einfacher als jetzt, wo er zweieinhalb Jahre alt ist. Damals war er mit dem, was unsere Wohnung bietet, ganz zufrieden. Es reichte, wenn ich ihm immer wieder irgendwelche Gegenstände zum Erforschen gab, wenn er z. B. Kastanien in verschiedene Töpfe hin und her füllte oder auf einen Stuhl kletterte – rauf, runter, rauf. Jetzt muß ich mich aber schon etwas mehr anstrengen. Wenn er nichts Interessantes zu tun hat, hängt er sich an meinen Rock und will, daß ich immerzu mit ihm spiele, oder es fällt ihm der schönste Blödsinn ein.»

Friederike protestierte. «Das hört sich für mich gerade so an, als wäre es unsere Aufgabe, unsere Kinder ständig mit neuen Ideen beschäftigt zu halten. Ich glaube, daß Kinder es durchaus auch lernen können, sich selbst zu beschäftigen.»

Ich mußte an unseren letzten Urlaub denken. Bei herrlichem Sonnenschein waren wir fast täglich am ausgedehnten Sandstrand. Niklas war begeistert. In den ersten Tagen brauchte er uns noch manchmal zum Mitspielen, zum Graben, Wasserholen und Mantschen, doch bald gesellten sich mehrere Kinder zusammen. Sie spielten selbständig und zufrieden den ganzen Tag. Neue Spielideen schauten sie voneinander ab. Erwachsene mußten sich nur einmischen, wenn ein Kind zuviel Sand in die Augen bekommen hatte. Ich erzählte den anderen davon. Ähnliche Urlaubserfahrungen mit ihren Kindern hatten auch sie schon gemacht.

Rosemarie lachte: «Wenn ich meine Wohnung mit einem Sandstrand vergleiche, kommt sie dabei nicht gut weg. Trotz kinderfreundlicher Einrichtung bin ich immer wieder gezwungen zu sagen: Nein, das darfst du nicht! Kürzlich hat Monika eine Kinderschere als Schraubenzieher benutzt. Sie wollte den Küchenherd reparieren. Natürlich konnte sie nicht begreifen, warum ich ihr schönes Spiel zerstörte, und brüllte fürchterlich.»

Friederike ließ nicht locker: «Aber was ist denn nun die Konsequenz von dem, was du gesagt hast? Muß es heißen: Beschäftigt eure Kinder, bietet ihnen Anregungen aller Art usw., damit sie nicht merken, wie schlecht es ihnen geht?»

Für einen Moment herrschte nachdenkliches Schweigen. «Ich glaube, jetzt wird mir klarer, wo mein Widerstand sitzt», meinte Friederike. «Natürlich will ich auch mit dem Kleinen spielen, und ich freue mich über Anregungen. Es ist aber, glaube ich, schwer, Anregungen so weiterzugeben und so aufzunehmen, daß man sich damit nicht gleichzeitig andere Probleme einhandelt. So lese ich in einem Ratgeber, daß Zwei- bis Drei-

Diese Seifenblasen:
Irgendwie scheint es
unmöglich zu sein ...

... sie zu fangen.

Oder sollte es
vielleicht doch
einmal klappen?

*Wichtig ist es, immer wieder
und immer wieder zu
probieren und zu probieren!
Irgendwann fang ich eines
von diesen schillernden
Dingen!*

jährige oft schon geschickt mit der Schere umgehen und z. B. kleine Papierdeckchen schneiden. Die Idee gefällt mir. Ich gebe meinem Kind Schere und Papier. Es beginnt zu schneiden. Nach fünf Schnitten aber legt es das Papier weg und will etwas anderes tun. Wäret Ihr jetzt nicht auch versucht zu drängeln: Ach, mach doch hier und dort noch einen Schnitt, damit es auch schön aussieht und fertig wird? – Auf diese Weise aber enge ich das Kind ein und nehme ihm vielleicht die Lust am Schneiden. Für das eine Mal hatte er genug, und ein Zwei- bis Dreijähriger muß noch keine Deckchen schneiden können!»

«Andererseits», warf Anke ein, «gibt es tatsächlich Kinder in diesem Alter, die genau so etwas mit Ausdauer, Eifer und großem Geschick tun.»

«Das will ich gar nicht bestreiten», gab Friederike zu. «Aber ein solches Buch mit zahllosen schönen Beispielen ist verführerisch. Es verleitet dazu, alles machen zu wollen und das Kind zu drängen, etwas Schönes zustande zu bringen. Und weil man das natürlich gar nicht schaffen kann, bekommt man ein schlechtes Gewissen.»

Ist jede Einmischung eine Spielunterbrechung?

Jetzt wurden auch mir Friederikes Bedenken verständlich: «Das Problem scheint mir zu sein: Die Kinder wollen Anregungen, Ideen, wollen aktiv sein. Dazu stellen wir ihnen die Möglichkeiten bereit. Andererseits aber sollen sie die Freiheit behalten, mit diesen Angeboten umzugehen oder sie abzulehnen. Sie wollen auf keinen Fall aber unter Druck gesetzt werden, dieses oder jenes Programm zu absolvieren.»

Friederike war von meiner Haltung noch nicht ganz überzeugt: «Mir erscheint das als ein nicht aufzulösendes Dilemma: Kinder spielen dann am schönsten, wenn man sich nicht in ihr Spiel einmischt. Ist nicht jede Einmischung – mag sie auch noch so positiv gemeint sein – eine Spielunterbrechung und damit eine Störung?»

Rosemarie erinnerte sich an eine Situation, die sie bei einer Freundin beobachtet hatte: «Ihre zweijährige Tochter war ziemlich unleidlich. Sie wußte wohl nichts Rechtes mit sich anzufangen. Sie holte sich eine Latte aus der Baukiste und begann, auf Kindertisch und Stuhl herumzuhämmern. Das Hämmern machte ihr Spaß. Aber es war auch klar, daß sie auf den Eingriff ihrer Mutter wartete: ‹Komm mit, wir holen einen richtigen Hammer und richtige Nägel.› Die Mutter schlug eine Reihe von Nägeln in ein Brett ein bißchen ein, und das Mädchen klopfte sie weiter hinein oder schlug sie um. Sie war begeistert und hämmerte noch lange Zeit darauf herum. Am Abend nahm sie das Brett sogar mit ins Bett!»

Friederike gefiel das Beispiel gut: «Aber was wäre geschehen, wenn die Mutter nicht eingegriffen oder etwas anderes gemacht hätte?»

Ich habe mich beim Schreiben dieses Buches oft an diese Diskussion erinnert. Ich wurde auf manche kritischen Punkte aufmerksam, die ich beachten mußte. Mir ist vieles daraus klargeworden, das mich beim Lesen anderer Ratgeber stutzig werden ließ.

Spielen will gelernt sein

«Am günstigsten ist es, wenn Sie die Spielübungen jeweils einmal vormittags und einmal nachmittags mit Ihrem Kind machen ... In den ersten drei Monaten genügen 10 bis 15 Minuten, zwischen dem dritten und sechsten Monat sollten es 15 bis 20 Minuten sein, zwischen dem sechsten und neunten Monat 20 bis 40 Minuten, dann bis zum Ende des ersten Lebensjahres bis zu 60 Minuten pro Tag ... Spielen und üben Sie möglichst immer am gleichen Platz in der Wohnung, so begreift Ihr Kind schneller, daß Sie in den Spielzeiten etwas Besonderes mit ihm vorhaben ...»

(M. Diekmeyer 1973)

So steht es in einem renommierten Elternratgeber für das erste Lebensjahr zu lesen.

Diese Sätze machten mich ärgerlich. Jeden Vor- und Nachmittag eine Extra-Spielstunde – wie sollte ich das machen? Die Vormittage vergehen mit Haushalt, Einkaufen und einem Kleinkindertreff; mittags kommen die beiden Großen nach Hause, da gibt es viel zu tun und zu reden, Besuch kommt, ein Arztbesuch ist fällig usw.

Hätte ich diese Sätze gelesen, als unsere älteste Tochter noch klein war, sie hätten mich wahrscheinlich stark verunsichert: Ich hätte es nie geschafft, regelmäßige Spielstunden zu absolvieren; geblieben wäre mir das schlechte Gewissen: Du hast etwas für dein Kind Förderliches unterlassen.

Ich habe aber damals mit meinem Kind gespielt und tue dies auch heute. Damals wie heute macht mir das zeitweise großen Spaß, zeitweise war und ist es mühsam und anstrengend, wenn auch beim dritten Kind weniger als beim ersten. Man wird langmütiger, geduldiger und großzügiger, und das macht vieles leichter. Doch ich bin froh, wenn die Großen nach Hause kommen und eine Zeitlang gerne mit dem kleinen Niklas spielen.

Der Alltag mit einem Kleinkind ist mühsam. Es heißt, beständig auf der Hut sein, damit nichts Schlimmes passiert. Niklas will alles ausprobie-

*Kille, kille Nase –
aber wir sind nicht
nur lustig, son-
dern ...*

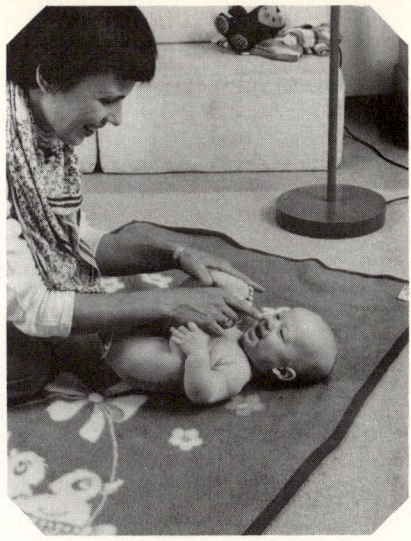

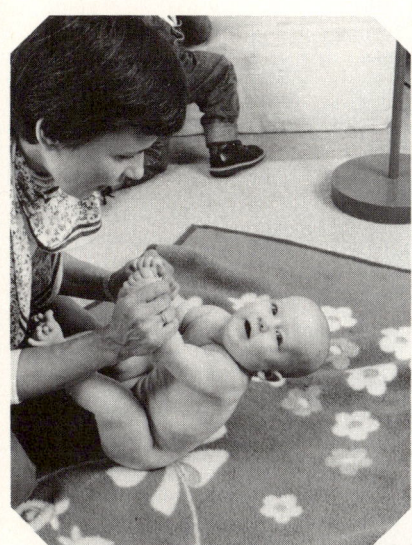

*... können den Kopf auch schon
gut halten, wenn wir zum
Sitzen hochgezogen werden
(links)*

*Na, wie schmeckt denn
so ein eigener Zeh?*

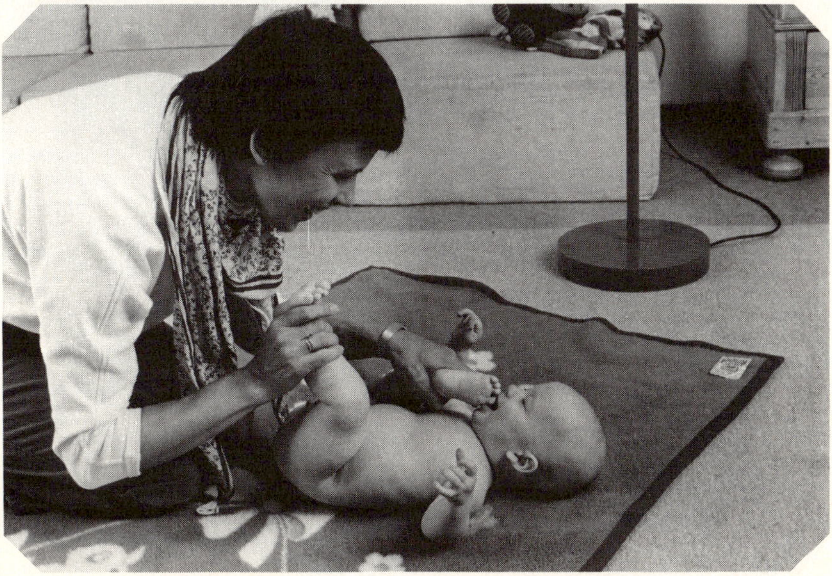

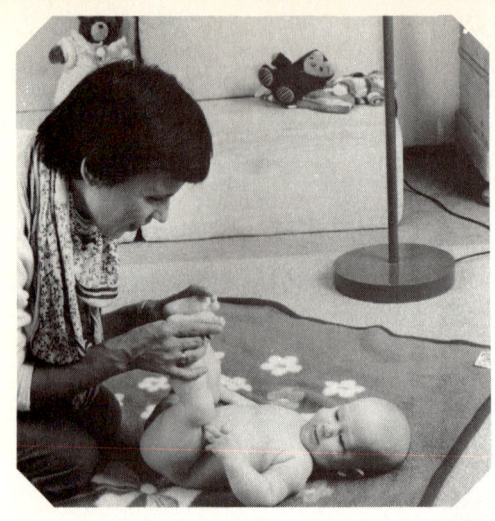

*«Meine Güte, das gehört
also auch zu mir?!»*

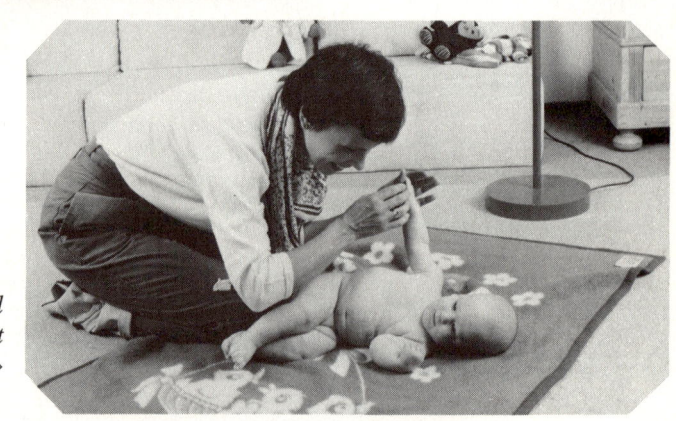

*«Und
was ist
das?»*

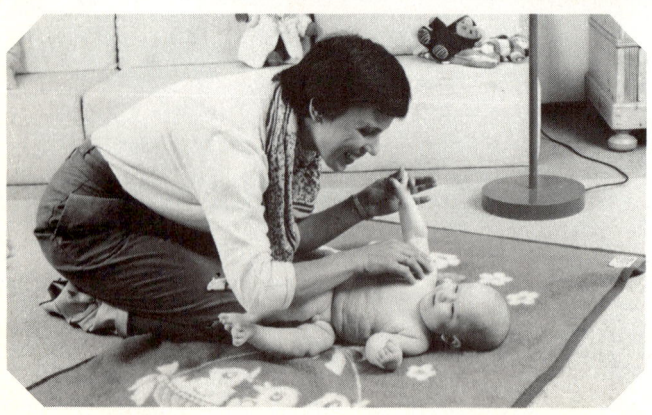

*«Ach so,
Mama
macht ein
Mäuslein!»*

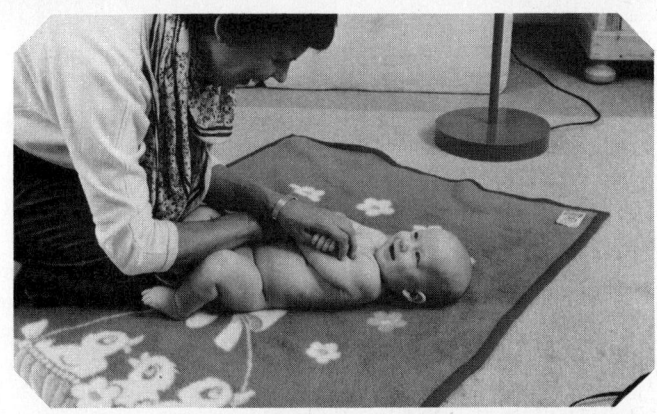

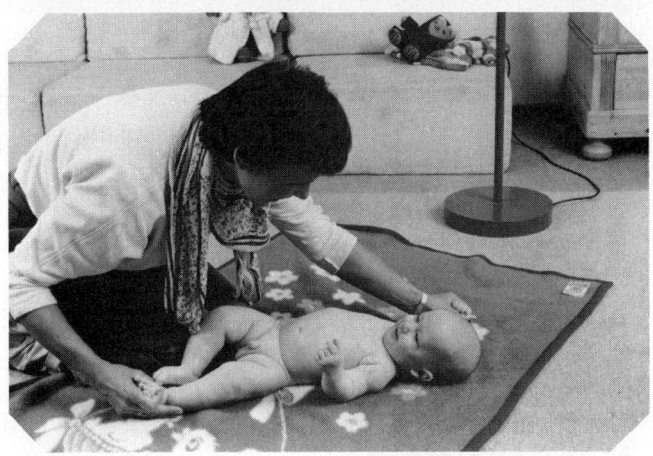

«Und noch mehr:
Arme über kreuz und
dann weit ausbrei-
ten ...»
(oben)

Mittleres Bild: «Lan-
ger Arm und langes
Bein, uuh!»

Und rechts: «Mit ein
wenig Hilfe kann ich
mich schon (fast) auf
den Bauch drehen.»

ren: Kein Radioknopf, kein Gerät, keine Zeitung, kein Buch, kein Besen, keine Vase ist vor ihm sicher.

Gleichzeitig weiß ich, daß er nur lernen kann, damit umzugehen, wenn er alles im wahren Sinn des Wortes begreift.

Ich muß ständig wachsam sein und anleiten. Niklas möchte alles können: eine Treppe erklimmen, auf zwei Beinen gehen, ein Glas Saft einschenken, mit einer Schere hantieren, eine Puppe anziehen. Er braucht dazu ständig Hilfestellung oder die sichernde Hand im Hintergrund.

Er will bei allem mitmachen: Er will im Kochtopf rühren, den Boden aufwischen, die Wäsche waschen, alles genau wie ich. Das macht viele lästige Tätigkeiten noch mühsamer.

Er unterliegt oft großen Stimmungsschwankungen, deren Ursachen mir meist verborgen bleiben: Er kann weinerlich sein und wie eine Klette auf dem Arm hängen. Kurz darauf ist er so wild, daß ich um jeden Gegenstand bangen muß, den er in der Hand hält.

Mit ihm zu spielen, heißt deshalb nicht, wie ich zweimal 20 Minuten am Tag gestalte, sondern vielmehr:
– Wie erledige ich die nun einmal notwendige Hausarbeit so, daß sie für mich nicht allzu entnervend ist und er durch meine Beschäftigung nicht abgeschoben und frustriert wird?
– Wie vermittle ich ihm über das hinaus, was er selbst entdeckt und entwickelt, Anregungen, die ihn interessieren, und an denen er Spaß hat, genauso wie ich?

Das ist aber in einer normalen Wohnung nicht leicht. Auch wenn sie kinderfreundlich eingerichtet ist, so ist sie allenfalls für Babys ein interessantes und erlaubtes Spielfeld. Noch zu keiner Zeit gab es für Kinder so wenig Freiraum für selbstbestimmtes kreatives Spiel in ihrer direkten Umgebung.

Baby und Kleinkind erhalten statt dessen ein eigenes Reich. Die Möbel- und Spielwarenindustrie sorgen dafür, daß neben der Erwachsenenwelt eine eigene Kinderwelt immer weiter ausgebaut wird (vom Kindertisch über den Kochherd bis zum batteriebetriebenen Bohrer).

Mit dem Kind zu spielen, heißt für uns Erwachsene, in eben diese Kinderwelt hinüberzuwechseln, in der eigentlich kein Platz für uns ist. Und dabei sind die Kinder bemüht und darauf aus, durch Nachahmen in unsere Erwachsenenwelt hineinzuwachsen!

Sehr viel Spielzeug dient zudem dem Einzelspiel (zum Teil mit eingeplanter «Lernzielkontrolle»: bestimmte Formen eines Steckspiels z. B. passen nur in bestimmte Öffnungen einer Dose). Unser Mitspiel ist dabei überflüssig oder gar störend; so bleibt uns nur das Zuschauen.

Untersuchungen ergaben, daß die Tätigkeit der Hausfrau heute – trotz weitgehender Technisierung des Haushalts – weit mehr Zeit in Anspruch nimmt als früher und deshalb weniger Zeit für die Kinder und für sie selbst übrig bleibt.

Die Technisierung (z. B. elektrische Brotschneidemaschine) und Chemisierung (z. B. scharfe Putzmittel im Wischwasser) machen den Haushalt als Feld gemeinsamer spielerischer Betätigung gefährlich und schließen das Kleinkind damit aus.

Angesichts dieser Schwierigkeiten wundert es nicht, daß vielfach über mangelnde Spielfähigkeit der Kinder und über Spielmüdigkeit der Erwachsenen geklagt wird. Mutter und Kind sind in der Regel drei Jahre eng und ausschließlich aufeinander angewiesen. Das ist mühsam und muß zwangsläufig viel von der Freude am Zusammensein und am täglichen Spiel nehmen.

Vielleicht möchte der oben zitierte Ratgeber sicherstellen, daß mit einem Kind dennoch ausreichend und sinnvoll gespielt wird: daß es zeitweise die volle, konzentrierte Zuwendung des Erwachsenen im Spiel bekommt und daß lange genug mit ihm gespielt wird. In diesem Bemühen hat er sicher recht. Seine Lösung, die Extra-Spielstunde, aber ist keine Lösung. Sie führt auf ein falsches Gleis.

Eine Freundin, die wegen ihrer Teilzeitbeschäftigung ein schlechtes Gewissen hatte, ihrer Tochter nicht genügend Zeit zu widmen, hatte sich vorgenommen, als Ausgleich pro Tag eine ganze Stunde mit ihr zu spielen. Der Versuch endete bald im gegenseitigen Ärger: Wenn die Mutter zum Spielen bereit war, war die Tochter meist intensiv mit etwas anderem beschäftigt und sauer, damit aufhören zu sollen. Und die Mutter war enttäuscht, daß ihr gutgemeintes Angebot abgelehnt wurde.

Das Spiel mit dem Baby und dem Kleinkind ist Teil des normalen Alltags: Es wird gespielt beim Anziehen, Füttern und Spazierengehen, im Wartezimmer des Arztes und natürlich auch beim Bauen von hohen Türmen. Und auch beim Wäschewaschen, Putzen, Kochen und Einkaufen kann gespielt werden.

Dies macht das Spiel mit dem Kleinkind schwierig und leicht zugleich: Der Erwachsene ist ständig aufgefordert, Kompromisse zu suchen und Lösungen zu finden, in denen jeder so gut wie möglich zu seinem Recht kommt.

Was dieses Buch möchte

● Das Buch möchte zeigen, wie leicht es ist, mit dem Kind aus allem und jedem ein Spiel zu machen. Denn kleine Kinder spielen anders als große: Alles, was sie machen, ist Spiel. Darin liegt eine Chance.

● Das Buch möchte Ideen weitergeben, wie Alltag leichter bewältigt werden kann und welche spielerischen Möglichkeiten er bietet. Denn der Alltag mit einem Kleinkind ist mühsam. Es will bei allem mitmachen und alles nachahmen, was der Erwachsene tut.

● Darüber hinaus möchte das Buch Anregungen geben, was man mit einem Kleinkind alles machen kann. Die Kinder suchen nach Ideen, Anregungen und neuen Erfahrungen, die ihnen in ihrer Umgebung nicht zur Verfügung stehen und deshalb besonderer Arrangements bedürfen.

● Das Buch will aber auch zeigen, daß solche Aktionen keines besonderen Aufwands bedürfen: Mit geringen Mitteln und wenig Material machen Kinder vielfältige Entdeckungen, sammeln neue Erfahrungen und sind glücklich und zufrieden. Eine ganze Reihe von Ideen regen an zu gemeinsamem Tun, das für Erwachsene und Kind gleichermaßen interessant ist.

Was dieses Buch nicht möchte

● Es erhebt nicht den Anspruch, vollständig zu sein. Vielfältige Ideen wurden gesammelt, aber unzählige andere sind denkbar.

● Die aufgeführten Anregungen lassen sich nicht einfach anwenden. Sie wollen als Idee weitergegeben werden, die der Erwachsene der jeweiligen Situation anpaßt und verändert. Es wurden deshalb keine Altersangaben gemacht. Die Spanne normaler Entwicklung der Kinder ist in diesem Alter so weit, daß solche Angaben nur irreführen können.

● Das Buch möchte kein «Förderungsprogramm» sein. Die Auswahl und Gliederung der einzelnen Anregungen geschah nicht aus Förderungsgesichtspunkten – obwohl die für die Entwicklung der Kinder wichtigen Beschäftigungsarten durchaus vertreten sind. Vielmehr waren die Vielfalt unterschiedlicher Beschäftigungen und ihre Realisierungsmöglichkeiten im Alltag bei der Auswahl entscheidend.

● Das Buch möchte nicht dazu verführen, die Kinder mit Beschäftigungen einzudecken oder zu überfordern. Manche Kinder und Erwachsene brauchen solche Ideen nicht, sie haben selbst genug. Es gibt für die meisten Ideen ein «Zu früh», aber kein «Zu spät»: Das ältere Kind wird eine Idee nach seinen Möglichkeiten aufnehmen und gestalten.

Kapitel 2

Sich bewegen macht Spaß

Kinder sind immer in Bewegung
sie zappeln, rudern und strampeln
sie gehen, laufen und springen
sie kriechen, steigen und klettern
sie hängen und hangeln
sie schaukeln und schwingen
sie hegen und tragen
sie balancieren und rutschen
sie werfen und fangen
sie rollen und purzeln
und alles mit größtem Vergnügen.

(Spiel, Baustein des Lebens, Wien 1976)

Kleine Kinder sind fast ständig in Bewegung:
– Ein Säugling, der wach in seinem Körbchen liegt, strampelt, rudert mit den Armen und dreht vorsichtig den Kopf hin und her.
– Ein sitzend spielendes Kind ändert mindestens alle zwei bis zweieinhalb Minuten seine Haltung.
– Während eines Spazierganges im gleichmäßigen Tempo wie die Erwachsenen geradeauszugehen, würde das Kind langweilen und schnell ermüden. Statt dessen läuft es, klettert und rennt, ist einmal vorne, einmal hinterher.

Und doch bewegen sich nicht alle Kinder gleich. Die verschiedenen Temperamente der Kinder zeigen sich in der Art ihrer Bewegung und im Tempo ihrer körperlichen Entwicklung:
Der Sohn einer Freundin brachte als Säugling sein Körbchen durch

heftige Bewegungen zum Schaukeln. Mit neun Monaten lief er frei, mit zehn Monaten erkletterte er jeden Stuhl. Es war eine Qual für ihn, einige Minuten ruhig auf einem Stuhl sitzen zu müssen. Und dies ist es auch heute noch. Wenn es nur irgend geht, rennt er, klettert, radelt, spielt Fußball usw.

Unser drittes Kind, Niklas, war das krasse Gegenteil: Als Säugling schaute er lange und zufrieden einem Mobile zu. Mit zehn Monaten konnte er sich gerade zum Sitzen aufrichten, dachte aber nicht daran, sich fortzubewegen. «Leg ein attraktives Spielzeug so weit entfernt neben ihn, daß er sich bewegen muß», riet man uns – nützte aber nichts. Er spielte friedlich mit dem, was er erreichen konnte. Und dennoch lief er mit dreizehn Monaten sicher und stand aufrecht. Heute springt er wie andere gerne und viel herum, aber es ist ihm auch kein Problem, längere Zeit still im Auto zu sitzen.

Während dieser Entwicklung habe ich oft gedacht: «Wie gut, daß Niklas unser drittes – und nicht das erste – Kind ist.»

Beim dritten nämlich hatte ich die Gelassenheit und Erfahrung, um ohne Verunsicherung in Ruhe abwarten zu können. Ich hielt nicht mehr viel von der lapidaren Aufforderung in manchen Elternratgebern: «Den faulen Säugling sollte man schon bald zu mehr Aktivität ermuntern!» Die Erfahrung zeigt: Jedes Kind entwickelt sich nach eigenem Tempo und Temperament. Wenn der Arzt bei den regelmäßigen Untersuchungen keine Auffälligkeiten feststellt, muß man sich wegen eines sogenannten faulen Säuglings nicht beunruhigen.

Wichtig ist dieser Aspekt: Sehr ruhige und zufriedene Babys verführen Eltern manchmal dazu, sie zu wenig zu beachten und ihren leisen Bedürnisäußerungen zu wenig Aufmerksamkeit zu schenken. Ein quirliger Säugling hält mit lautem Geschrei auf Trab und sorgt dafür, daß man sich immer wieder um ihn kümmert, mit ihm spielt und singt. Ein ruhiger Säugling hat diese Bedürfnisse sicherlich ebenfalls, fordert sie aber nicht in der gleichen Lautstärke und Dringlichkeit. So kann es durchaus vorkommen, daß ein Kind ein bißchen zu kurz kommt.

Viele Kinderärzte fordern, das Baby häufig auf den Bauch zu legen. Dadurch werde die gesamte Muskulatur auf das Sitzen, Krabbeln und Laufen vorbereitet. Das Baby werde angeregt, immer wieder den Kopf zu heben. Es gibt aber viele Kinder, denen die Bauchlage lange Zeit sehr unangenehm ist. Warum soll man sie plagen? Was macht es, wenn sie ein wenig später Sitzen, Krabbeln und Laufen lernen? Wenn es soweit ist, wird es dafür um so schneller gehen! Aber auch die Rückenlage ist für ein Baby wichtig: Nur auf dem Rücken liegend kann es seine Hände als sein erstes Spielzeug entdecken und frei mit ihnen «hantieren».

Von Zärtlichkeit und Vertrauen:
sich gemeinsam bewegen

Stolz sitzt der Zweieinhalbjährige auf dem Rücken seines Vaters, der wiehernd auf allen Vieren durch das Wohnzimmer krabbelt. «Hö, Pferdchen, hö! Lauf schneller, los!» Immer schneller läuft das Pferdchen. Nur mit Mühe kann sich der Reiter oben halten, er quietscht und kreischt – und rutscht schließlich seitlings herunter. Sanft landet er in den Armen des Vaters, und lachend kugeln sie beide über den Teppich.

Gemeinsame Bewegungsspiele und Balgereien machen Kindern und Erwachsenen Spaß. Sie sind Ausdruck von Zärtlichkeit und gegenseitigem Vertrauen. Kinder suchen diese Spiele immer wieder, eine Chance auch für die Erwachsenen, sich mehr zu bewegen, zu rennen und zu laufen, zu springen und zu tanzen.

Gerade die kleinen Kinder brauchen uns Erwachsene beim Spielen, sie wollen ihre Geschicklichkeit und Gelenkigkeit, ihre Stärke «üben». Dies ist wichtig für sie: Wie viele Kontakte zu anderen Kindern werden über den Körper geknüpft. Der kräftige Rempler, den ein Kind dem anderen verpaßt, heißt vielleicht: «Magst du mich? Ich mag dich gerne und möchte mit dir spielen.» Oder aber er bedeutet: «Geh weg, ich möchte meine Ruhe haben.» Ein Kind darf sich durch solch einen Rempler nicht gleich aus der Fassung bringen lassen und muß diese Sprache selbst auch beherrschen.

So wichtig für die Babys das gemeinsame Spiel mit den Erwachsenen ist, so wichtig ist aber auch eine Zeit der Ruhe:
– Es braucht die Ruhe in der Geborgenheit auf dem Arm des Erwachsenen oder im Tragesitz.
– Es braucht die Ruhe wirklichen Alleinseins.

Während der ersten Wochen lag Niklas, unser Dritter, tagsüber im Wohnzimmer in einem Körbchen, das frei von der Decke herabhing. Strampelte er unter der leichten Wolldecke, so versetzte er das Körbchen in leichtes Schwingen und bewegte damit ein kleines Mobile. Von ferne hörte er Stimmen und Geräusche, so daß er nicht ganz alleine war. Es war ihm anzumerken, daß er sich im Körbchen wohl fühlte.

Mutig sein

Die zweijährige Martina ist auf die Leiter hinaufgeklettert. Jetzt steht sie ganz oben, stolz und sicher. «Springst du in meine Arme?» Ermunternd schaut die Mutter zu ihr hoch. Martina zögert. Soll sie sich trauen? Fängt die Mutter sie wirklich auf? Im nächsten Moment landet sie strahlend in den Armen der Mutter.

Bewegungsspiele erfordern Mut. Kinder müssen ausprobieren, was sie können, und was sie nicht können. Doch wer sich etwas getraut hat, bekommt mehr Mut und mehr Zutrauen für Neues. Der Erfolg macht stolz und glücklich und gibt Sicherheit.

Natürlich können Eltern die Kinder nicht zwingen, in jeder beliebigen Situation mutig zu sein.

«Wenn man ein Kind ins tiefe Wasser wirft, lernt es schon schwimmen.» Das althergebrachte Rezept ist keine gute Erziehungsregel. Man kann nur schwimmen lernen, wenn man noch stehen kann. Mutig zu werden, ist ein langer Weg mit vielen kleinen Schritten. Sehr ängstliche Kinder sind meist mit viel Ängstlichkeit und Vorsicht der Eltern umgeben worden. «Lauf nicht so schnell, damit du nicht fällst.» Sie hatten dadurch wenig Möglichkeit, sich und ihr Können zu erproben.

Bewegungsspiele mit dem Baby

Babygymnastik mit festen, regelmäßig wiederkehrenden Übungen ist für ein gesundes Baby überflüssig. Das Baby bewegt sich gern, und es macht ihm Spaß, wenn wir mit ihm turnen. Und schließlich macht es uns Erwachsenen Spaß, mit dem Baby zu spielen und zu sehen, welche Freude es dabei hat.

Wie kann man mit einem Baby turnen? Diese Frage beantwortet jedes Baby auf seine Weise: Wir wickeln es, begeistert beginnt es zu quietschen, wenn wir die Beine gegen seinen Bauch drücken. Natürlich wiederholen wir dies ein paarmal, weil es gar so schön war.

Ein andermal findet es sein Vergnügen daran, daß die Fußsohlen gekrault werden. Oder mag es noch mehr und andere Fußspiele? Wir probieren sie aus.

Im Umgang mit dem Baby merken wir, was ihm Spaß macht und was nicht. Und wie lange es mag. Wir merken bald, wenn es ihm keinen Spaß mehr macht: Vielleicht macht es sich steif, beginnt zu quengeln – oder ist abgelenkt.

Das kleine Baby wird gecremt oder geölt: Wir können sehen, welche Wonne es ihm bereitet, wenn unsere Hände den nackten Körper streicheln und massieren, seine Arme und Beine sanft drücken und klopfen. Das ganze Kind ist Empfindung und Wohlgefühl.

1 «Kommt ein Mäuschen …» Es dauert nicht lange, da wird das Baby voll freudiger Erwartung alle Muskeln anspannen, wenn unsere Finger über seinen Körper krabbeln: «Kommt ein kleiner Mann gegangen …»; zwei Finger laufen langsam den Körper hinauf, bis zum Hals und kitzeln dort.

«Klingelingeling, ist jemand zu Haus?» Die Finger zupfen leicht am Ohrläppchen.

«Kommt ein Mäuschen, krabbelt ins Häuschen, kille, kille!» Die Finger kitzeln leicht im Ohr.

2 «Kille, kille, Füßchen …» Wir benennen die verschiedenen Körperteile und kitzeln leicht:

> «Kille, kille, Füßchen,
>
> kille, kille, Bauch,
>
> kille, kille, Nase …»

Voller Spannung wird das Kind bald warten, wo als nächstes gekillert wird.

3 Armspiele Manchmal möchte es das Baby temperamentvoller. Es fuchtelt mit den Armen:
– Wir legen unsere Daumen in seine Handfläche, seine Finger schließen sich.
– Sanft bewegen wir seine Arme auseinander und führen sie über dem Bauch zusammen.
– Wir «klatschen» die Hände aneinander.
– Wir führen immer abwechselnd einen Arm nach oben, den anderen nach unten.
– Beide gleichzeitig: nach oben oder unten.
– Kann es den Kopf schon alleine halten? Wir probieren es, indem wir es an den Händen ein wenig von der Unterlage hochziehen und langsam zurückrollen lassen. Läßt es den Kopf nach hinten hängen, sollten wir den nächsten Versuch erst einige Zeit später machen. Wichtig ist, daß unsere Finger sich sichernd um die Hände des Kindes legen.

4 Handspiele Ein andermal spielen wir mit den Händen: Zu einem kleinen Spruch, den wir uns selbst ausdenken, zupfen wir an den einzelnen Fingern und kneten sie, oder wir krabbeln in der Handfläche. Auch wenn das Baby einen Spruch noch nicht versteht, wird es ihn bald freudig wiedererkennen, wenn man ihn regelmäßig wiederholt.

5 **Fingerspiele** Wir zählen die Finger ab:

«Der ist in den Brunnen gefallen,
der hat ihn wieder rausgeholt,
der hat ihn ins Bett gelegt,
der hat ihn zugedeckt,
und der kleine Schelm
hat ihn wieder aufgeweckt.»

6 **Beinspiele** Auch die Beine möchten einmal drankommen:
– Wir fassen leicht um die Unterschenkel und «radeln» mit ihnen.
– Beide Beine werden abwechselnd gebeugt und gestreckt.
– Wir führen die Füße vorsichtig in Richtung Kopf.
– Warum nicht einmal mit den Füßen klatschen? Unser Jüngster liebte besonders: Backe-backe-Kuchen mit den Füßen zu machen:

Backe backe Kuchen
der Bäcker hat gerufen
wer will guten Kuchen backen
der muß haben sieben Sachen
Eier und Schmalz,
Zucker und Salz
Milch und Mehl
Safran macht den Kuchen geel.
Schieb, schieb in 'n Ofen rein
*(Im Takt dazu klatschen, die Handflächen
oder die Fußsohlen gegeneinander reiben.)*

– Drücken wir gegen die ganze Fußsohle des Kindes, so drückt es von alleine dagegen.
– Drücken wir mit einem Finger auf die Fußsohle, so zieht es seine Zehen ein.
– Streicheln wir den Fußrücken, so streckt es die Zehen wieder.
– Macht es schon erste Versuche, sich umzudrehen? Wir können dies unterstützen, indem wir ein Bein am Unterschenkel fassen, anwinkeln und über das gestreckte Bein führen, so daß sich das Bein leicht anhebt.
– Manches Baby liebt es, für kurze Zeit an den Unterschenkeln in den Kopfhang hochgezogen zu werden. Hebt das Baby dabei den Kopf in den Nacken, so legen wir es vorsichtig auf den Bauch ab, sonst auf den Rücken.

7 «Flieger» Sobald ein Baby den Kopf sicher halten und die Rücken-muskulatur angespannt halten kann, wird es den «Flieger» lieben: Wir fassen es mit beiden Händen seitlich um den Brustkorb und heben es über unseren Kopf hoch – aber nicht zu schnell und nicht zu heftig. Manche Kinder haben dabei noch einige Zeit Angst, dann muß man dies natürlich unterlassen.

8 **Erstes Versteckspiel** Auf dem Wickeltisch beginnt oft das erste Ver-steckspiel. Das Baby hat zufällig eine Stoffwindel gegriffen und hält sie ganz fest. Aus Versehen zieht es sie sich über den Kopf. Aufgeregt be-ginnt es zu fuchteln, leicht erschreckt läßt es los – die Windel ist weg! Ein aufregendes Erlebnis! Die Mutter versteckt sich hinter dem Tisch – guck-guck – da ist sie wieder. Es dauert nicht lange, dann hat das Baby verstan-den: Es kann die Mutter wegzaubern und wiederholen, ganz wie es will. Ebenso kann es Gegenstände verschwinden lassen und wieder herholen.

9 «Holst du mir das wieder?» Dies ist ein Spiel, das viele Babys von alleine entdecken. Sie werfen einen Gegenstand unerreichbar für sie weg. Auffordernd schauen sie uns an. «Ob er es wieder holt? Schau, was ich kann! Wie lange spielt er das Spiel wohl mit?» Dieses Spiel gibt die Mög-lichkeit, den Erwachsenen immer wieder herbeizuholen. Es kann aber ganz schön nerven. Da hilft nur, gemeinsam ein neues Spiel zu beginnen.

Das erste Spielzeug

Mit dem ersten Spielzeug haben es die Eltern meist eiliger als die Kinder. Bevor das Baby nicht seine Hände entdeckt hat und einen Gegenstand gezielt festhalten kann, ist Spielzeug überflüssig.

Ein paar Sachen zum Schauen, wie z. B. ein langsam sich bewegendes Mobile oder ein Klangspiel aus Holz, ist genug. Ein Mobile hängt man am besten über das Bettchen, ein zweites über den Platz des Babys, an dem es häufiger liegt.

Aber Eltern können das Kind auch überfordern: Unsere erste Tochter hatte ein Männchen aus roten Holzkugeln, die auf einem Gummi aufgefä-delt waren, geschenkt bekommen. Ich beschloß, ihr dieses an die Stäbe ihres Gitterbettchens zu hängen, damit sie etwas Farbiges zum Schauen hätte, was ihr sicherlich Freude machen würde. Vielleicht lernte sie durch zufällige Berührungen des Männchens das Greifen. Sie sah interessiert das Männchen an. Aufgeregt wedelte sie mit den Armen. Sie griff nach dem Männchen, die Kugeln schlugen gegen die Gitterstäbe. Erschreckt zuckte sie zurück, wedelte noch aufgeregter mit den Armen, traf das Männchen, es klapperte noch lauter gegen die Stäbe.

Es dauerte einige Zeit, bis ich begriff: Ich wollte ihr eine Freude machen, hatte sie aber statt dessen gänzlich überfordert. Die rote Farbe fand sie spannend. Das Geräusch aber beunruhigte sie. Sie konnte weder verstehen noch einordnen, daß sie selbst das Geräusch verursachte. Sie hatte die Bewegung ihrer Arme noch nicht unter Kontrolle. Warum konnte ich nicht abwarten und hatte versucht, sie in einen nächsten Entwicklungsschritt hineinzudrängen? Sie hatte noch nicht selbst mit ersten Greifversuchen angefangen. Sie war noch nicht soweit.

Das meiste Babyspielzeug ist entbehrlich. Es ist nicht schwer, verschieden große Holzkugeln und/oder Gardinenringe auf einen Schnürsenkel aufzufädeln: ein interessantes Ding zum Greifen und Beißen. Hat ein Kind seine Hände entdeckt, sind ihm diese eine ganze Zeit Spielzeug genug. Vielleicht mag es einige Zeit später mit einem kleinen bunten Tuch spielen. Es läßt sich leicht greifen und verliert sich auch in Rückenlage nicht so leicht. Man kann es in den Mund stopfen oder dahinter Verstecken spielen.

Im Haushalt sind zudem viele Dinge vorhanden, die lange Zeit spannend sind. Unsere Kinder spielten zum Beispiel lange und gerne mit dem Maßband aus dem Nähkorb.

Das Ställchen

Ein Ställchen kann ein sinnvoller Gegenstand sein, aber nicht für das eigentlich vorgesehene Alter. Ein Kind, das krabbeln und laufen kann, muß sich in ihm eingesperrt fühlen. Natürlich weiß die Mutter es darin sicher aufgehoben. Doch das Kind möchte (und muß) entdecken, es möchte hinter dem Erwachsenen her und dabeisein.

Für kleinere Kinder mag das Ställchen ein guter Ersatz für das zu klein gewordene Körbchen sein: Hier haben sie Platz zum Spielen und sind doch in einem abgegrenzten Raum geborgen. Manche Kinder fühlen sich in einem größeren Raum bedroht und geängstigt. Ein Ställchen läßt sich zudem leicht dorthin stellen, wo sich die Mutter gerade aufhält.

Den meisten Kindern genügt allerdings eine Spieldecke (Beispiel in: A.

Menhart, 1983) als bekannter heimatlicher Spielplatz. Beginnt das Kind zu krabbeln oder zu robben (viele Kinder übergehen die Phase und richten sich gleich an den Möbeln zum Laufen auf, das Krabbeln holen sie später nach), beginnt eine besonders anstrengende Zeit. Wurde bis dahin besonders der Rücken der Eltern durch das viele Herumtragen beansprucht, so jetzt ihre Geduld. Viele Erkundungsausflüge müssen begleitet und viele gefährliche Situationen entschärft werden. Das Kind besteht darauf, die Treppe selbst hinauf- und herunterzukrabbeln, und das braucht Zeit, viel Zeit. Ich habe mich immer mit dem Gedanken getröstet: Je mehr ich das Kind «üben» lasse, wie es möchte, desto schneller und besser wird es viele Dinge beherrschen und entsprechend selbständiger werden.

Die ersten Schritte sind für seine Persönlichkeit von großer Bedeutung. «Paß auf, sei vorsichtig, fall nicht hin!» Solche sinnlosen Ermahnungen, die die Bewegungsaktivitäten des Kindes angstvoll kommentieren, machen nicht mutig und zuversichtlich. Dem Kind wird dadurch mitgeteilt, daß man es noch für schwach und hilflos hält, und es lernt, die umgebende Welt als gefährlich und bedrohlich zu betrachten. Wir möchten aber, daß unsere Kinder Vertrauen in die eigene Stärke haben und neugierig selbständige Schritte unternehmen.

Natürlich ist die Welt auch gefährlich, und das Kind muß lernen, sich in ihr zu bewegen. Aber dies ist zunächst *unser* Problem: Wir müssen ein kleines Kind daran hindern, über die Straße zu laufen. Wir müssen ihm zeigen, daß es nicht vorwärts, sondern rückwärts eine Treppe hinunterkrabbelt, und wir halten die Hand an die scharfe Tischkante, neben der sich das Kind aufzurichten beginnt. Es ist unsere Aufgabe, für einen ungefährlichen Entdeckungsspielraum zu sorgen, in dem das Kind sich frei bewegen kann. Aber zuviel Vorsicht hilft dem Kind auch nicht.

Im Wartezimmer des Kinderarztes steht ein großes Schaukelpferd. Ein knapp zweijähriges Mädchen streichelt das Pferd. Es versucht hinaufzuklettern. Der Vater springt auf: «Willst du hinauf? Komm, ich helfe dir.» Er hebt sie hinauf. Kurz darauf rutscht sie wieder herunter und spielt etwas anderes.

Ich mache es mir leicht in der Beobachterrolle. Wahrscheinlich hätte ich es genauso gemacht. Wir sind für unsere Kinder oft zu schnell und zu ungeduldig. Dieses Mädchen hatte eigentlich keine Chance, etwas zu wollen. Sie hatte keine Chance, es vielleicht selbst zu können oder nicht zu können und um Hilfe zu bitten. Es wurde schon vorher für sie erledigt. Es ist schwer, untätig zuzusehen, wie ein Kind etwas immer wieder probiert, sich dabei ungeschickt anstellt, aber nicht aufgibt. Oder es gibt auf und probiert es ein anderes Mal wieder.

Es nützt ihm wenig oder nichts, wenn wir dabei die Hand oder den Fuß führen, denn es muß seine eigenen Erfahrungen sammeln. «Laß es ruhig einmal versuchen, vielleicht schafft es das schon.» Unser Zutrauen in die Stärke eines Kindes ist gleichzeitig seine Stärke. Dieses überträgt sich auf ein Kind genauso wie unsere Angst, wie auch unser Mißtrauen sein Versagen fördert.

Wasserspiele

Die meisten Babys baden ausgesprochen gerne. Entspannt und vor Wohlbehagen quietschend strampeln sie und aalen sich im warmen Wasser. Die meisten kommen aber auch in eine Phase, in der ihnen Wasser Angst macht. Vielleicht sind sie in der Wanne ausgerutscht (eine sich ansaugende Plastikmatte gegen das Rutschen ist für eine größere Wanne unbedingt nötig!) oder das Haarewaschen war sehr unangenehm. Man kann oft kein besonderes Vorkommnis rekonstruieren, das die Angst auslöste. Dann heißt es, das Kind langsam wieder an Wasser zu gewöhnen. Das kann lange dauern.

Es ist hilfreich für das Kind, wenn ein Erwachsener mit ihm in die Badewanne steigt. Seine Nähe und die Geborgenheit und Sicherheit in seinen Armen und auf seinem Bauch können viel von der Angst nehmen. Ist dies schlecht möglich, so gibt man zunächst nur sehr wenig Wasser in die Wanne, so daß das Kind in einer Pfütze sitzt, und steigert die Menge von einem Bad zum nächsten.

Gemeinsames Spiel lenkt von der Angst ab:

10 **Spiele in der Badewanne**
– Mit Töpfchen, Schüsseln und Gießkanne kann man schütten, umfüllen und gießen.
– Aus leeren Plastikflaschen blubbert die Luft heraus.
– Ein Schiff fährt hin und her, das Segelschiff wird geblasen – ein großer Sturm kommt auf und läßt das Schiff schließlich kentern.
– Ein Tischtennisball hüpft hoch aus dem Wasser, oder man pustet ihn über die Wasseroberfläche.
– Einer Badepuppe werden die Haare gewaschen und mit der Gießkanne geduscht.

Dabei ist das Haarewaschen vielfach ein Problem. Denn es ist nur schwer zu vermeiden, daß dabei Wasser ins Gesicht kommt. Andererseits haben kleine Kinder eine ausgesprochene Scheu, sich die Augen mit einem Waschlappen zuzuhalten oder zuhalten zu lassen. Manche Kinder akzeptieren vielleicht einen Schaumgummiring, den man wie einen Hut aufsetzt (Mothercare). Er soll verhindern, daß Wasser ins Gesicht kommt.

*Leider sind die
warmen Tage im Jahr
sehr rar, an denen
die Kinder ...*

*... mit Wonne
draußen baden.*

In der Wanne ist es am schönsten zu vielen.

Je behutsamer das Kind (wieder) an das Wasser gewöhnt wird, desto größeren Spaß wird es am Plantschen haben – und desto schwieriger wird es bald wieder aus dem Wasser herauszubekommen sein.

Tip: Eine Zeitlang funktioniert es, wenn man unbemerkt den Stöpsel aus dem Abfluß zieht!

11 Wasser im Gesicht Hat das Kind die Angst vor dem Wasser verloren, kann man versuchen, es mit Wasser im Gesicht vertraut zu machen:
– Beim gemeinsamen Baden pustet man ins Wasser, pustet sich gegenseitig voll.
– Ein nasser Waschlappen, auf den Kopf gelegt, tropft ins Gesicht.
– Man kann sich gegenseitig begießen und gegenseitig vollspritzen. Das Badezimmer muß man anschließend ja sowieso aufwischen! Ein Kind, das mit dem Badewasser vertraut ist, wird sich recht schnell in einem «großen Wasser» (Hallenbad oder See) wohl fühlen. Selbst wenige Monate alte Kinder kann man ohne weiteres im Babybecken und am Warmbadetag im Kinderbecken schwimmen lassen. Schwimmflügel mit dem g(eprüfte) S(icherheit)-Zeichen oder ein Schwimmgürtel aus Styropor oder Kork tragen es sicher. Ängstliche Kinder bleiben am besten auf dem Arm des Erwachsenen.

12 Spiele im Schwimmbad Zu solchem Baden gehört das Spiel mit dem Erwachsenen:

– Das Kind reitet auf seinen Schultern, während er durch das Wasser hüpft oder schwimmt.

– Ein sehr mutiges Kind läßt sich an den Händen durch das Wasser ziehen.

– Vertraut sich das Kind ganz den Schwimmflügeln an, wird es bald entdecken, daß es durch Strampeln vom Fleck kommen kann. «Wer schwimmt in meine Arme?» Es wird immer schneller durch das Wasser radeln.

– Einen kleinen Gummiring kann der Erwachsene werfen, das Kind fischt ihn auf.

– In vielen Hallenbädern können Styroporbretter (aus dem Schwimmunterricht) ausgeliehen werden. Diese kann das Kind schön vor sich herschieben.

– Wer kann am ärgsten mit den Beinen strampeln und spritzen?

– Wer traut sich, das Gesicht ein wenig ins Wasser zu tauchen?

In der letzten Zeit werden immer häufiger Schwimmkurse für Babys ab viertem bis fünften Monat angeboten (richtiger würden sie «Wassergewöhnungskurse» heißen). Hat das Baby Spaß an so etwas, kann man es an einem solchen Kurs natürlich teilnehmen lassen. Aber dennoch: Das Baby verpaßt nichts, wenn es nicht will. Es wird auch später schwimmen lernen und einstweilen auch ohne Kurs Spaß am Wasser haben oder bekommen können.

Förderungshektik ist keineswegs angemessen. Daß der Umgang mit Wasser und das Schwimmen das Selbstbewußtsein und den Mut der Kinder stärken, scheint erwiesen. Doch dazu ist nicht unbedingt ein Kurs notwendig. Sicherlich ist es fehl am Platz, irgendwelchen Ehrgeiz zu entwickeln und das Kind zu besonderen Leistungen zu drängen. Das rächt sich meist durch besondere Zurückhaltung und Ängstlichkeit eines Kindes.

Bewegungsspiele zu zweit, zu dritt und zu …

Was für ein Baby die zärtlichen Krabbel-, Streichel- und Gymnastikspiele sind, sind für die Größeren die Tobe- und Turnspiele zu zweit. Den engen Körperkontakt, das Sichaufeinander-Verlassen und den gemeinsamen Spaß – die Kinder brauchen und fordern das immer wieder.
Oft haben sie selbst die besten Einfälle.

13 **Das Rutschbahnspiel** z. B. erfand Katja, unsere Älteste, als ich einmal länger telefonieren mußte. Sie ärgerte sich über das Telefon; sie wollte mit mir spielen und bei mir sein, also benutzte sie mich als Turngerät, stieg auf meinen Schoß und rutschte meine Beine hinab. Sicher hoffte sie im stillen, daß mir dies bald zu lästig würde und ich das Telefonieren beendete! Cordhosen sind natürlich nicht gut geeignet. Und man muß schon ein wenig anschieben.

14 **Kniereiter** Das Kind wird zu einem Lied oder Vers (z. B. Nr. 67 oder 68) sanft oder etwas temperamentvoller auf dem Knie bewegt, oder es tut dies selbst und «fällt» schließlich vom Schoß.

15 **Klammeraffe** Das Kind steht mit dem Rücken zum Erwachsenen. Er faßt es in den Kniekehlen, das Kind umklammert seine Arme. Nun schaukelt der Affe zwischen den Beinen, oder er wird im Kreis geschleudert.

16 **Karussell** Man faßt das Kind von hinten unter den Achseln und verschränkt die Hände vor seiner Brust – los geht die Fahrt, immer im Kreis herum. Vorsicht: Nach dem Anhalten das Kind stützen; es ist sicher schwindelig.

17 **Schaukelbaum** Wer besonders stark ist, kann sein Kind an dem ausgestreckten Arm schaukeln lassen!

18 **Klettermaxe** Der Erwachsene hält das Kind an beiden Händen, geht leicht in die Knie und läßt das Kind an sich hochklettern. Wichtig: Umfaßt das Kind dabei den Daumen des Erwachsenen, kann sich dessen Hand sicherer um das Handgelenk des Kindes schließen, und es kann nichts passieren.

19 **Flugzeugreise** Eine Reise mit einem Flugzeug kann man in eine kleine Geschichte kleiden:

«Wohin möchtest du denn fliegen? – Nach Hamburg?
Das nächste Flugzeug nach Hamburg startet in einer Minute! – Bitte einsteigen und die Plätze einnehmen, es geht gleich los!»
Das Flugzeug startet langsam, fliegt immer schneller, auf und nieder, bis es landet und alle Leute aussteigen.
Man hält das Kind an einem Arm und einem Bein und schleudert es im Kreis.
Oder das Kind verschränkt seine Hände im Nacken des Erwachsenen, dieser hält es in der Taille und dreht sich im Kreis.

20 Pferdchen Wer reitet nicht gerne. Ein Pferdchen muß man auch streicheln und füttern! Wenn es sich freut, springt es lustig herum, geht aber auf Geheiß ganz brav und ruhig. Schließlich legt es sich müde zur Ruhe.
– Der Erwachsene krabbelt auf allen Vieren, und das Kind sitzt auf seinem Rücken, oder es liegt auf ihm und klammert sich fest.
– Das Kind klammert wie ein Rucksack am Rücken des aufrechten Erwachsenen fest, der es mit den Händen am Po abstützt.
– Oder es thront auf den Schultern, an Armen oder Beinen gehalten.

21 Zehenlaufen Das ist gar nicht so einfach: Das Kind stellt sich auf die Füße des Erwachsenen mit dem Gesicht zu ihm. Wie weit können sie miteinander gehen? Es ist schwer, gemeinsam das Gleichgewicht zu halten.

22 Tip-Tap Wer schafft es, dem anderen auf die Zehen zu treten? Tap – ich hab dich erwischt!

23 Zirkus-Kunststücke Der Erwachsene liegt mit dem Rücken auf dem Boden und streckt die Beine leicht angewinkelt in die Luft. Das Kind legt sich mit seinem Bauch auf die Schienbeine oder – das ist natürlich noch aufregender – auf die Fußsohlen des Erwachsenen. Dann wird es hochgestemmt. Zur Sicherheit hält man es zunächst noch an den Armen fest. Sicher wird es bald wie ein Flieger Arme und Beine strecken!

24 Vielerlei Brücken Durch Brücken zu krabbeln, ist natürlich ganz besonders schön, wenn es mehrere sind und sie einen Tunnel bilden können.
– Der Erwachsene grätscht die Beine. Er bückt sich, Kopf nach unten, Hände auf den Boden.
– Die Brücke rückwärts wird vielleicht nicht mehr jedem gelingen, die Übung tut aber gut.

Krabbeln, große Brücken und kleine Brücken sind nicht nur für die Kinder gut!

25 Schubkarren fahren Man hält das Kind an den Unterschenkeln und läßt es auf den Händen laufen. Sind die Arme noch ein wenig zu schwach dafür, hält man die Unterschenkel mit einer Hand und stützt mit der anderen das Becken.

26 Spiegelbild Kind und Erwachsener stehen sich gegenüber. Einer ist der Spiegel, der andere schaut in den Spiegel. Der Spiegel versucht, die Bewegungen des anderen genau zu imitieren.

27 Eichhörnchen-Springen Von einem hohen Möbelstück in die ein wenig entfernten Arme des Erwachsenen zu springen, dazu gehört viel Mut. Aber es ist ein herrliches Gefühl, sicher aufgefangen zu werden.

28 «Wer kommt in meine Arme?» Wenn der Spaziergang gar zu lang wird, hilft dies: Der Erwachsene geht ein Stück voraus und ruft: «Wer kommt in meine Arme?» Das Kind kommt in seine Arme gelaufen und wird ein paarmal im Kreis herumgeschleudert.

29 **Verstecken** * Eines der ältesten und bekanntesten Spiele. Je nach dem Alter der Kinder läßt es sich nach eigenen Regeln und in immer neuen Variationen spielen.

– Das Baby spielt «guck-guck» hinter einem Tuch: Ein Gegenstand wird vor seinen Augen versteckt, es holt ihn wieder vor.

– Der Erwachsene versteckt sich. Bald will sich auch das Kind verstecken, doch es dauert lange, bis es sich ein echtes Versteck sucht: Es steht *vor* einem Baum und ruft: «Wo bin ich?» Natürlich muß man ein wenig herumsuchen, bis man es findet.

– Bekannte Gegenstände werden im Raum versteckt, z. B. ein paar Kekse. Wer sie findet, darf sie essen!

30 **«Hör genau!»** Verstecken und Hören läßt sich verbinden: Im Raum wird eine leise tickende Uhr versteckt. Wo ist sie?

31 **«Schau genau!»** Fünf verschiedene Gegenstände, die dem Kind gut bekannt sind, liegen auf dem Boden. Jeder schaut sie sich genau an. Das Kind schließt die Augen, einer wird weggenommen – welcher fehlt?

Variation: Statt eines Gegenstandes wird ein Kind oder ein Erwachsener im Raum versteckt. Wer fehlt – und wo ist er?

32 **Fangen** Ein altes Spiel, das jede Altersstufe auf ihre Weise spielt: Das Baby krabbelt ein kurzes Stück und wartet dann fröhlich quietschend darauf gepackt zu werden: die großen Kinder spielen Räuber und Gendarm, und die ganz Großen laufen nach der Stoppuhr.

33 **«Kennst du das Tier?»** Alle Kinder haben ihren Spaß an der spielerischen Nachahmung. «Kennst du das Tier?» Der Erwachsene macht ein Tier vor, die Kinder erraten es und machen es nach. Vielleicht kann auch ein Kind ein Tier vormachen?

– Der Hund krabbelt und bellt.

– Die Katze schleicht und miaut.

– Der Vogel flattert mit beiden Armen wedelnd herum und piept.

– Der Frosch hüpft und quakt.

---

* Einige Beispiele in diesem Abschnitt wurden folgendem Buch entnommen: Sabine Herm, «Psychomotorische Spiele für Kinder in Krippen und Kindergärten», Vertrieb: Fortbildungsinstitut f. d. päd. Praxis (FIP-Workshop), Adresse s. Anhang. Erziehern, die mit Kindergruppen arbeiten, sei dieses Buch besonders empfohlen. Seine Anregungen sind sehr ausführlich, nach förderungssystematischen Gesichtspunkten geordnet und mit methodischen Hilfen versehen.

– Der Hase hüpft und hat zwei lange Arme-Ohren.
– Der Elefant schreitet langsam und wedelt mit dem Rüssel (eine Hand faßt an die Nase, die andere wird als Rüssel durch die Armbeuge gesteckt).
– Das Pferdchen springt wiehernd herum.
– Die Schlange kriecht bäuchlings und zischt, usw.

34 «Stell dir vor, du bist ...» Gegenstände kann man ebenfalls nachmachen;
– ein Luftballon und fliegst durch die Luft
– ein steifer Stock
– ein kleines Baby
– ein Auto
– ein großer Baum
– ein Bagger
– ein Kran, usw.

35 «Kannst du das auch?» Wir machen selbst Gymnastik. Wir machen etwas vor, und das Kind macht es nach – und natürlich auch umgekehrt:
– auf den Rücken legen und strampeln,
– auf den Bauch legen und Arme und Beine gestreckt abheben,
– der Erwachsene wird zum Karussell: auf dem glatten Boden sitzen, Beine anwinkeln und hochheben, das Kind schubst die Arme an,
– im Schneidersitz sehr gerade sitzen, Arme hoch in die Luft strecken, ablegen, nach außen und zusammen ... usw.

36 Geschichten spielen Gymnastik macht besonderen Spaß, wenn sie in eine Geschichte gebunden ist. Hier zwei Beispiele als Anregung, natürlich muß man solche Geschichten ganz der Situation der Gruppe anpassen und aus ihr kommende Ideen einbauen.

Äpfel pflücken
Es war einmal ein kleines Mädchen, das hatte schrecklichen Hunger nach einem Apfel *(sich den Bauch reiben)*. «Ich weiß ja, wo ein Apfelbaum steht. Da schleiche ich mich hin und hole mir Äpfel!» *(im Raum herumschleichen)*. Vom Baum hingen wunderschöne rote Äpfel herab. Sie streckte und reckte sich *(auf Zehenspitzen stehen, beide Arme nach oben recken)*. Da fiel ein Apfel ins Gras *(in die Hocke gehen und mit beiden Händen auf den Boden platschen)*. Sie nahm den Apfel und biß hinein (imitieren). Doch an dem Baum hingen noch mehr Äpfel. Sie wollte mehr pflücken. Sie pflückte einen mit der rechten Hand und legte ihn in ihren Korb *(rechte Hand ganz hoch strecken, dann in der Hocke den Apfel*

ablegen). Dann pflückte sie einen mit der linken Hand *(entsprechend)*, und noch einmal rechts und wieder links. Dann erwischte sie einen faulen. Den wollte sie nicht. Sie warf ihn ganz weit weg in die Wiese.

Nun hatte sie genug. Fröhlich hüpfte sie nach Hause. Doch halt, sie hatte den Korb vergessen. Schnell lief sie zurück und holte ihn.

Nach diesem Spiel muß aber jedes Kind einen Apfel zu essen bekommen!

Spaziergang

Wir gehen spazieren. Es ist schönes Wetter, die Sonne scheint, und alle sind lustig *(irgendwie herumspringen)*. Doch halt, wir kommen an eine ganz hohe Wiese. Durch das hohe Gras können wir nicht so einfach laufen. Wir müssen vorsichtig durchsteigen, damit wir nicht viel Gras umtreten *(gegebenenfalls im Gänsemarsch gehen, die Knie hochziehen und vorsichtig die Füße aufsetzen)*. Nun stehen wir auf einem kleinen Hügel; den kann man wunderbar hinunterrollen *(flach hinlegen und um die eigene Achse rollen)*. Unten angekommen, sehen wir eine kleine Katze. Leise schleichen wir zu ihr hin – doch sie hat uns gehört und springt schnell davon. Wir laufen hinterher und versuchen sie zu fangen – doch sie ist schneller, fort ist sie. Da stehen wir an einem Bach – keine Brücke ist zu sehen. Wie kommen wir hinüber? Wer traut sich zu springen? *(Der Erwachsene stellt sich breitbeinig über den vorgestellten Bach, die Kinder springen nacheinander darüber, wobei er sie hält.)* Am Rand des Waldes wachsen schöne Blumen. Wer mag auch einen Blumenstrauß pflücken *(imitieren)*. Doch, weh – es beginnt zu regnen, und wir haben keine Regenmäntel dabei. Dann kriechen wir einfach unter einen dichten Baum *(Tisch)* und warten, bis der Regen aufhört. Doch wir müssen nicht lange warten, ein Bus kommt vorbei und nimmt uns alle mit *(ein Kind ist der Busfahrer, alle anderen hängen sich, die Hände auf den Schultern des Vordermannes, an)*. Wir fahren wieder nach Hause.

37 Flugzeug Alle Kinder und Erwachsene sind Flugzeuge. Vor Beginn des Spielens wird ausgemacht, wo der Flughafen ist; dort können die Flugzeuge landen, tanken und wieder starten. Die fliegenden Flugzeuge brummen mit ausgebreiteten Armen durch den (möglichst großen) Raum.

38 Autos Ein Reifen (Hula-Hupp- oder Gymnastikreifen) ist das Auto; das Kind hält ihn vor der Brust, eventuell schleift es ihn hinter sich auf dem Boden. Es gibt natürlich eine Tankstelle (ein Kind spielt den Tankwart) und einen Laden zum Einkaufen (mit einem Verkäufer).

39 **Kutschfahrt** Ein Kind ist das Pferdchen, ein oder zwei Kinder führen es und halten die Zügel (Hula-Hupp- oder Gymnastikreifen oder ein Springseil, das um den Nacken und unter den Achseln des Pferdchens durchläuft). Reagiert das Pferdchen darauf, ob rechts oder links am Zügel gezogen wird?

40 **Luftballon** Die ganze Gruppe spielt einen Luftballon: Alle stellen sich ganz eng im Kreis auf und fassen sich an den Händen. Jetzt wird der Luftballon immer größer (= der Kreis immer weiter). Alle pusten, bis der Luftballon ganz prall ist – und schließlich platzt, alle fallen zu Boden.

41 **«Kommando»** Dieses Spiel findet bei den meisten Kindern sicherlich begeisterte Zustimmung, auch bei denen, die sonst nicht unbedingt gerne tun, was ihnen aufgetragen wurde! Einer gibt das Kommando, und alle tun, was er sagt:
– Kommando: Alle Kinder sitzen auf dem Tisch!
– Kommando: Alle Erwachsenen liegen auf dem Bauch!
– Kommando: Alle Kinder legen sich darauf!
– Kommando: Alle Kinder steigen auf einen Stuhl, usw.
Natürlich darf jeder einmal das Kommando führen, der mag.

42 **«Alle Finger ...»** Muß man im Gasthaus sehr lange auf das Essen warten? Das Kommando-Spiel läßt sich gut nur mit den Fingern spielen:
– Alle Finger klopfen leise auf den Tisch!
– Alle Finger verschwinden unter dem Tisch!
– Alle Daumen schauen über der Tischkante hervor!
– Alle Zeigefinger verschwinden hinter dem Rücken, usw.
Dieses Spiel läßt sich schon reihum spielen: Jeder darf immer eine Vorgabe machen.

43 **Hindernisse** Aus Tischen, Stühlen, Sesseln, Polstern und/oder Kartons wird ein Parcours aufgebaut – natürlich gemeinsam mit den Kindern: Man muß darüberklettern, unten durchkrabbeln, darüberspringen usw. Eine über zwei Stühle gelegte Leiter, über die gekrabbelt werden muß, ist ein besonders schwieriger, aber spannender Abschnitt.

Mit einem Kissen auf dem Kopf muß man ganz aufrecht gehen.

Spiele mit verschiedenen Gegenständen

Jedes Kind will einen Gegenstand erst einmal ausprobieren und sich mit ihm «ausspielen». Wahrscheinlich wird es viele der nachfolgenden Ideen selbst entdecken.

44 Kissen

– Auf ein Kissen kann man sich setzen und damit über den glatten Boden rutschen.
– Man kann es auf dem Kopf balancieren. Wie weit kommt man damit?
– Bleibt es auf dem Fußrücken liegen, wenn man auf den Fersen läuft und die Zehen ganz hoch zieht?
– Kann ein Hund mit einem Kissen auf dem Rücken krabbeln, ohne daß es herunterfällt?
– Viele Kissen im Raum verteilt sind Hindernisse, über die galoppierende Pferde springen müssen.
– Zum Schluß bilden viele Kissen nebeneinander ein weiches Lager, auf dem man sich ausruhen kann und dabei eine Geschichte erzählt bekommt.

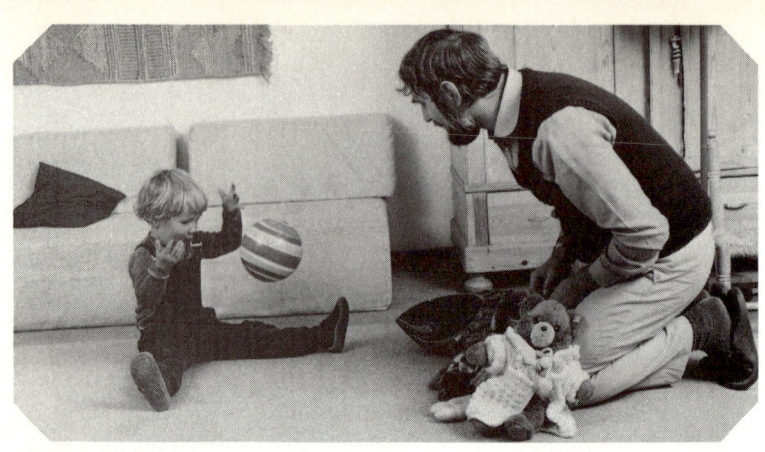

45 Decken

– In eine Decke kann man sich legen und von zwei Erwachsenen geschaukelt werden (siehe Spiellied: «Müller, Müller, Sack'l ...»).

– Man kann sich auf eine Decke legen und über den Boden gezogen werden; alle Kinder helfen dabei mit. Können sie auch einen Erwachsenen ziehen?

– Zum Ausruhen bauen sich die Kinder mit der Decke über dem Tisch eine Höhle zum Verkriechen.

46 Bälle aller Art

– Auf einen großen Ball (z. B. Wasserball) kann man sich mit dem Bauch legen. Schafft man es, das Gleichgewicht zu halten oder gar den Ball unter sich durchrollen zu lassen, am besten bis zu den Füßen?

– Hat man den Wasserball nicht voll aufgeblasen, ist es lustig zu versuchen, auf ihm zu sitzen.

– Fangen, Werfen und Kicken mit den verschiedensten Bällen bedarf vieler Übung. Mit einem größeren weichen Ball oder Stoffball läßt sich selbst in einer Wohnung recht ungefährlich spielen.

– Man sitzt sich mit gegrätschten Beinen gegenüber und rollt sich den Ball zu.

– Bauch- und Rückenmuskeln kommen zum Zug, wenn man sich zum Zurollen auf den Bauch legt.

– Wer kann den Ball auf dem Boden sitzend mit den Füßen packen und hochheben? (Mit einem glatten Gummiball ist dies besonders schwer.)

– Klemmt man sich den Ball zwischen die Beine, kann man nicht schnell laufen.

– Man steht Rücken gegen Rücken ein paar Schritte voneinander entfernt und rollt sich den Ball durch die eigenen gegrätschten Beine zu.

– Läßt sich der Ball auch durchrollen, ohne hängenzubleiben, unter einer Reihe von Stühlen hindurch, unter mehreren gegrätschten Beinen, unter lebendigen Brücken (den Bäuchen oder Rücken mehrerer Kinder oder Erwachsener?)

– Tischtennisbälle verleiten zu ausgelassenem Toben: Die Kinder lassen sie auf glattem Boden hochspringen und jagen ihnen immer wieder vergeblich nach.

– Sind die Kinder schon ein wenig geschickt im Werfen, kann man zielen üben: Mit Tennis- oder kleinen Stoffbällen wird versucht, in eine aufgestellte Kiste zu treffen. Größere Kinder werden von alleine beginnen, ihre Treffer zu zählen.

– Ein einfaches Kegelspiel ist leicht erstellt:
Man stellt ein paar leere Plastikflaschen oder einige dicke Bauklötze auf und versucht, sie mit einem (nicht zu kleinen) Ball umzuwerfen.

– Eine Variation sind Strumpfbälle: Ein abgeschnittener Perlonstrumpf oder ein alter Socken wird mit anderen Strümpfen gefüllt und zugeknotet. Wird man von diesem Ball getroffen, so tut es ganz sicher nicht weh. Man kann sie mit einem Stock (z. B. Bambusstock oder Laternenstab) auf glattem Boden durchs ganze Zimmer schieben. Wurden Hindernisse eingebaut (der Ball muß unter einem Stuhl hindurch und über ein Stück Teppich), ist es noch spannender. Oder dürfen die Bälle so weit wie irgend möglich durchs Zimmer rutschen?

47 **Luftballons** Manche Ballspiele lassen sich auch mit Luftballons spielen, doch diese bieten noch eine Reihe ganz eigener Möglichkeiten:
– Einen an den Kinderwagen gebundenen Luftballon kann das Baby gut mit den Augen verfolgen.
– Kann das Baby schon greifen, bläst man einen Luftballon nur ein wenig auf; es wird ihn fest packen und seine Nase hineindrücken.
– Ganz viele Luftballons immer wieder hochzuwerfen und zu fangen, macht riesigen Spaß.
– Legt man sie in ein großes Tuch und hält es zu mehreren rundherum fest, so kann man die Luftballons miteinander hochwerfen und auch wieder auffangen, bis alle davongeflogen sind.
– Aus großen ovalen Luftballons werden hüpfende Männchen, wenn sie Pappfüße bekommen (siehe Kapitel Werkeln).
– Mit Luftballons kann man schauerlichen Krach machen, indem man an ihnen kratzt, schabt oder zupft.
– Man kann Luftballons vor dem Aufblasen aber auch füllen: Gibt man ein wenig Reis hinein, werden sie schwerer, fliegen gezielter, und man kann sie hören.
   Im Sommer werden sie im Freien zu Wasserbomben: Welch ein Spaß, wenn einer platzt!

48 **Ein Seil oder eine dicke Schnur** Legt man es als Linie auf den Boden,
– so kann man hin und her darüberspringen,
– man kann auf ihm balancieren;
– noch schwerer ist es, wenn man dabei einen Ball hält oder ein Kissen auf dem Kopf trägt.
– Wer kann die Schnur mit den Zehen greifen oder hochheben?
– Das Seil wird zur Schlange, wenn wir es an einem Ende packen und hin und her schwenken. Wer fängt es?
– Wenn wir das eine Ende des Seils am Tischbein festbinden und das andere halten, wird es zum Hindernis, über das die Kinder steigen oder unter dem sie durchkrabbeln können, einmal höher, einmal niedriger.

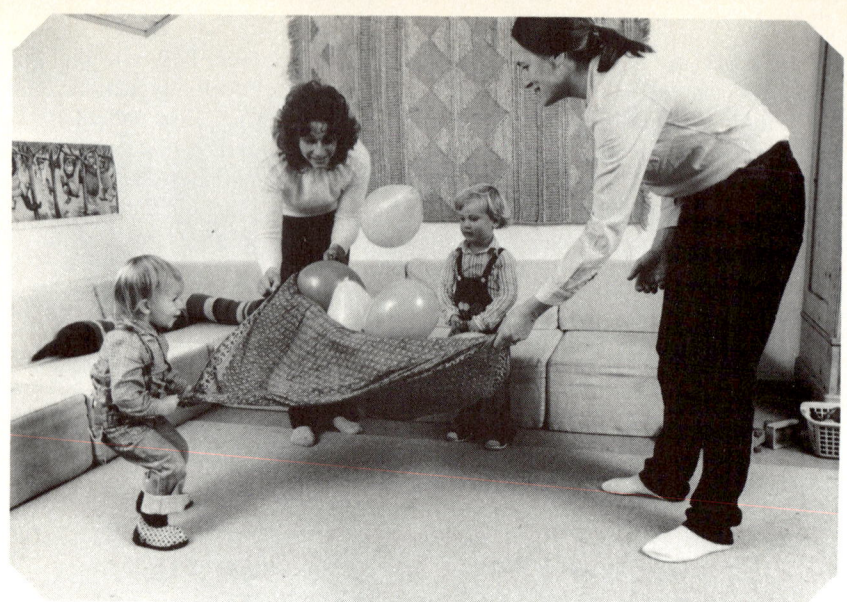

Bleiben die Luftballons im Tuch? Je mehr da mitmachen, desto besser!

49 **Reifen**
– Man kann ihn rollen lassen und hinterherlaufen.
– Durch mehrere hintereinandergestellte Reifen kann man durchkriechen und durch hochgehaltene durchsteigen.
– Selbst Zweijährige versuchen schon, hula-hupp zu machen. Natürlich schaffen sie es nicht, aber ihr Spaß ist groß.

50 **Bänderstock** An das Ende eines Stockes (z. B. eines Laternenstokkes) wird ein langes, 5 cm breites Kreppapierband geklebt. Dieses Band kann tanzen: Man läßt es beim Rennen hinter sich herflattern, wie eine Schlange schlängelt es sich über den Boden ...

51 **Papier** Papier ist nicht nur zum Malen und Schreiben da. Schon für Babys ist es ein herrliches Spielzeug:
– man kann es knistern hören,
– es verändert sich, wenn man es knüllt oder reißt.

– Es gibt verschiedenartigste Papiere:

Seidenpapier,	bunte Kataloge mit Bildern,
Briefpapier,	Klopapier,
Alu-Folie,	Packpapier …

– Klopapier kann man abrollen, Straßen legen, knüllen, flattern lassen oder auch sich einwickeln (lassen).

– Zeitungspapier: Bei einer Schneeballschlacht mit Zeitungspapier kann man so richtig schön toben. Aus einzelnen Zeitungsblättern werden möglichst viele Schneebälle geknüllt. Mit ihnen kann man noch so fest schmeißen, ohne daß sie weh tun.

– Ist ein großer Papierberg entstanden, wird hineingesprungen, man läßt sich eingraben und wirbelt mit beiden Händen den Schnee durch die Luft. Zum Schluß sind aber Hände und Gesicht schwarz von Druckerschwärze! Aber vorsichtig. Nicht in den Mund damit! Druckerschwärze ist nicht gesund!

– Boxball; Ist dieses Spiel beendet, wird das Zeitungspapier in Plastiktüten gestopft. An einem Seil aufgehängt, kann mit aller Kraft gegen die Tüten geboxt werden (für mehrere Kinder müssen natürlich mehrere Tüten an eine Leine gehängt werden).

– Große Bogen aus Packpapier: Das Kind legt sich flach auf einen Bogen, seine Umrisse werden abgemalt, anschließend ausgeschnitten und angemalt – ein schöner Schmuck für das Kinderzimmer.

– Bierdeckel: Wer legt eine Straße aus Bierdeckeln? Es darf nur auf die Deckel getreten werden. (Vorsicht: Nur auf Teppichboden, da sie auf glattem Boden beim Drauftreten leicht wegrutschen!)

  o Bierdeckel können rollen und kreiseln,
  o sie lassen sich auf dem Kopf balancieren,
  o und man kann sie durch einen großen Raum segeln lassen.

52 **Wer fängt den Lichtfleck?** Auch an einem trüben, regnerischen Wintertag wollen Kinder gerne toben. Eine starke Taschenlampe läßt das Licht im Zimmer tanzen.

53 **Tanzen zur Musik** Spricht eine Musik die Kinder an, so beginnen sie bald, ohne Aufforderung frei und ungezwungen zu tanzen. Natürlich kann man mit dem Tanzen auch ein Spiel verbinden: Man spricht z. B. ab, daß sich alle bei abbrechender Musik auf den Bauch legen; geht die Musik weiter, wird weitergetanzt.

Finger- und Krabbelspiele

Finger- und Krabbelspiele sind zärtliche Spiele: krabbeln, streicheln, kitzeln und necken gehören dazu. Es sind intime Spiele zwischen Erwachsenem und Kind: beide haben Spaß, miteinander zu sprechen, zu liebkosen und zu scherzen.

Der sieben Monate alte Matthias liegt nackt auf dem Wickeltisch. Er hat gebadet, jetzt ist er müde und quengelig. Er will nicht gewickelt und angezogen werden, «Wo ist das Mäuschen?» Sein Gesicht hellt sich auf; er beginnt aufgeregt zu strampeln; er weiß, was kommt, und ist gespannt darauf: Die Mutter marschiert mit zwei Fingern langsam ein Bein entlang, den Bauch hinauf ...

> «Kommt ein Mäuschen,
>
> sucht ein Häuschen –
>
> hier ist das kleine Mäuschen!»

Noch bevor ihre Hände bis zum Hals gekrabbelt sind und sich dort im Mauseloch verstecken, kreischt Matthias vor Vergnügen und zieht die Schultern fest an den Kopf. Das Mauseloch ist nicht mehr da, die Maus muß weiter suchen und marschieren.

Das Spiel muß noch oft wiederholt werden – nebenbei ist die Windel umgebunden und der Strampler angezogen.

Unsere Hände sind lebendige Wesen. Für den Säugling sind sie das erste Spielzeug: Fasziniert verfolgt er ihre Bewegungen, er dreht die Hand, vor Freude über die Entdeckung wedelt er mit den Armen – wo sind die Hände plötzlich hingekommen?

Bald entdeckt er die Finger: sie können ineinandergreifen, sich festhalten, aneinander zupfen; sie können Gegenstände umklammern und in den Mund gesteckt werden.

Bald können die Hände fliegen, zappeln, springen, klopfen und klatschen. Es braucht nicht viel Phantasie: Die Faust wird zum Sack, der Daumen zur Maus, der Zeigefinger zur spitzen Nadel und die Hand zur schleichenden Katze.

Die Hände sind immer und überall dabei, Fingerspiele kann man immer und überall spielen – wenn man sie kann. Meist erinnern wir uns nur an wenig mehr als:

> Das ist der Daumen,
>
> der schüttelt die Pflaumen,
>
> der hebt sie auf,   *Nacheinander werden*
>
> der bringt sie nach Haus   *die einzelnen Finger*
>
> und der Kleine ißt sie alle auf.   *angetippt*

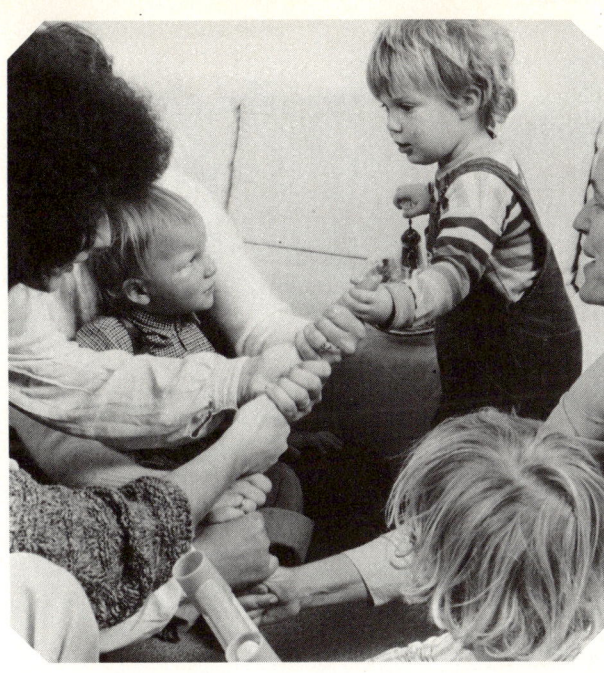

Butter, Butter stampfe ... Ein hoher Turm wird aus ganz vielen Fäusten gebaut. Wie das Spiel genau geht, steht auf Seite 57.

Fingerspiele machen den Kindern viel Spaß. Außerdem sind sie ausgesprochen nützlich: Wie oft kommt man als Eltern in eine Situation, in der sich die Kinder langweilen, sie aber einigermaßen ruhig bleiben müssen, z. B. im vollen Wartezimmer des Arztes, auf einer langen Zug- oder Autofahrt, im Gasthaus usw. Es lohnt, ein gewisses Repertoire an Fingerspielen zu beherrschen (für größere Kinder ergänzt durch Zauber- und Kniffelspiele mit Streichhölzern, Servietten und Taschentüchern).

Allerdings muß man sie wirklich können! Solange wir den Text aus einem Buch ablesen müssen, sind unsere Hände nicht lebendig genug, und wir können das Kind nicht einbeziehen.

Fingerspiele zu lernen, kostet allerdings Überwindung. Längere Autofahrten, bei denen ich nicht am Steuer sitzen mußte, waren für mich die Lösung: Zu unserer Standardausrüstung gehörten ein Buch mit Fingerspielen und ein Liederbuch. Mit der Zeit hatte die ganze Familie einige Spiele und Lieder (mit mehreren Strophen!) gelernt.[*]

[*] In der Reihe rororo Elternrat ist ein Buch eigens diesem Bereich gewidmet: Raimund Pousset: Fingerspiele und andere Kinkerlitzchen Nr. 7774. Es sei allen Lesern sehr empfohlen. In jenem Buch enthaltene Spiele und Lieder werden hier nicht wiederholt.

54 Kommt ein Mäuschen

Kommt ein Mäuschen
baut sich ein Häuschen *mit den Händen ein Dach bilden*
kommt ein Mückchen
baut ein Brückchen *beide Hände aufeinanderlegen*
kommt ein Floh
und der pikt so *irgendwo leicht zwicken*

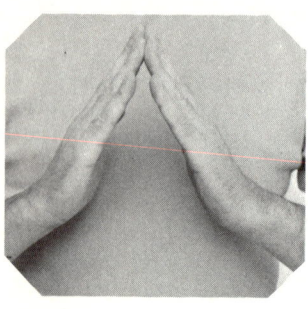

55 Klitzekleines Zwerglein

Klitzekleines Zwerglein
ging mal auf ein Berglein,
rutschte aus
ging nach Haus –
schon ist die Geschichte aus.

Zwei Finger laufen am Kind hinauf bis auf die Schulter oder den Kopf und rutschen dann in seinen Schoß hinunter, oder auf dem Boden sitzend: die Finger laufen die angewinkelten Beine hinauf, rutschen wieder herunter und verschwinden unter den Knien.

56 Die Nadel sprach zum Luftballon

Die Nadel sprach zum Luftballon:

Eine Hand als Luftballon zur Faust, die andere streckt den Zeigefinger als Nadel.

Du bist rund und ich bin spitz,
Jetzt machen wir zwei einen lust'gen Witz,
jetzt machen wir zwei einen Schnetterengpengpeng,
ich mache pieks, und du machst
peng!

Die Nadel sticht den Luftballon, laut in die Hände klatschen!

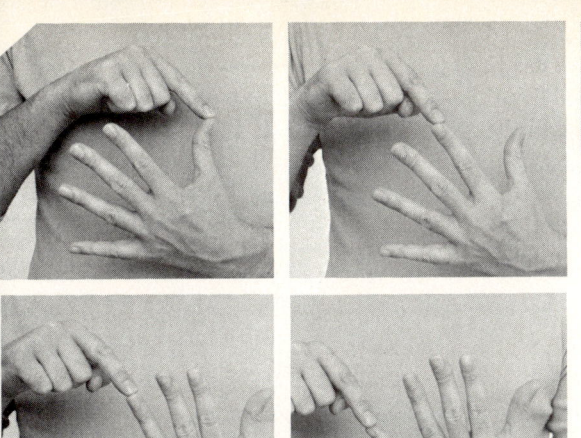
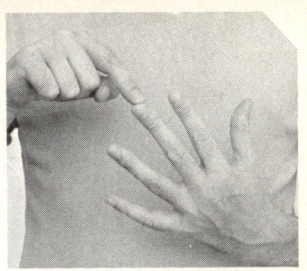
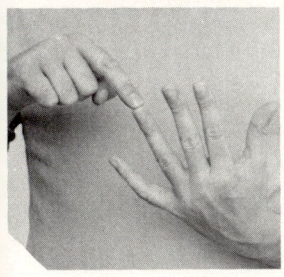
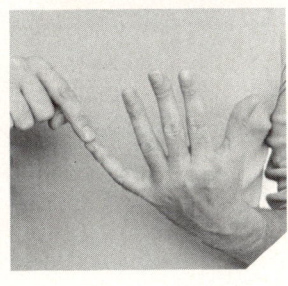

57 Schlechtes Wetter

Der sagt, wenn's regnet, dann geh ich nicht raus,
Der sagt, wenn's regnet, dann bleib ich zu Haus,
Der sagt, wenn's regnet, das macht keinen Spaß,
Der sagt, wenn's regnet, dann werd ich ja naß!
Nur der Kleine kann nicht warten,
er geht mit dem Schirm in den Garten.

In jeder Zeile auf einen Finger tippen, den kleinen Finger in der letzten Zeile mit der anderen Hand beschirmen und davongehen lassen

58 Katzen können Mäuse fangen

Katzen können Mäuse fangen	*eine Hand läuft als Katze herum*
haben Krallen wie die Zangen,	
schlüpfen durch die Bodenlöcher,	
auch zuweilen auf die Dächer.	*sie versteckt sich*
Mäuschen mit dem Ringelschwänzchen	
machen auf dem Dach ein Tänzchen.	*die andere Hand kommt dazu und tanzt,*
Leise, leise kommt die Katz,	*sie wird von der Katzenhand gefangen*
hat sie all auf einen Satz!	

59 Linke Hand, die ist das Haus

Linke Hand, die ist das Haus,
Däumchen ist die kleine Maus.
Rechte Hand ist unsere Katze
mit der weichen Sammettatze.
Seht, da schleicht das Kätzchen ran,
sieht sich unser Mäuschen annn ...
Und die Miezekatze,
springt mit einem Satze
auf das arme Mäuschen zu

Mäuschen, wo bist du?

Die Hand bildet eine offene Faust,
der Daumen liegt vor der Öffnung;
die rechte Hand schleicht herum,

Springt, der Daumen versteckt sich
noch rechtzeitig im Haus –
und kommt gleich wieder heraus.

60 Fliege

Seht mal Kinder, seht mal an,
wie die Fliege fliegen kann!
rundherum, mal in die Höh –
doch da kommt der Frosch – o weh

Quak, quak, quak und 1, 2, 3

mit der Fliege ist's vorbei.

Daumen- und Zeigefingerspitzen
aneinanderlegen und fliegen lassen,

Daumen und zusammengelegte
Finger,
der anderen Hand bilden das
Froschmaul

61 Herr Zwick und Herr Zwack

Herr Zwick und Herr Zwack
Sind zwei Männlein im Sack
Herr Zwick hat ein' Hut,
Herr Zwack hat ein' Kranz,
So geh'n sie zusammen zum Tanz.
Sie tanzen und springen,
sie lachen und singen
und machen gar lustige Sachen.

In den aufrechten Fäusten sind die
beiden Daumen versteckt. Sie wur-
den vorher mit einem Ring, einem
Wollfaden oder Gummi ge-
schmückt, eventuell ein Gesicht
aufmalen. Sie tanzen und springen
und verstecken sich wieder.

Doch dann sind sie müde
der Zwick und der Zwack
und schlüpfen wieder in ihren
Sack.

62 Osterhäschen

Lange Ohren, Schnuppernäschen –
ist das nicht das Osterhäschen?
hüpf, hüpf, hüpf, hüpf, hüpf, hüpf
kommt es durch das Gras gehüpft.
Ostereier bunt und fein,
bringt's dem lieben ...
Klinker, klinker, klei,
Häschen, leg ein Ei!

Zeige- und Mittelfinger strecken sich als Ohren, die anderen Finger legen sich an die Handfläche und halten ein kleines Ei verborgen, bis sie es fallen lassen.

63 Schiffchen

«Will jemand gerne Schiffchen fahren?»
«Ja, ja, ja!»
«Hast du nicht Angst vor Wind und Sturm?»
«Nein, nein, nein!»
Der Wind, der bläst,
das Schiffchen schaukelt –
Da fällt das Schiffchen um!

Die Finger beider Hände ineinander verschränken, Handflächen nach oben; ein Mittelfinger kommt als Insasse des Schiffs nach oben, ihm wird ein Gesicht aufgemalt und vielleicht ein Hütchen aufgesetzt. Wenn das Schiff umfällt, die Handflächen nach unten drehen.

64 Butter, Butter stampfe

Butter, Butter stampfe, eine Hand kommt dazu
Eine Faust beginnt, aufrecht den Daumen weggestreckt, im Takt zu klopfen; bei jeder Wiederholung dieser Zeile setzt sich eine weitere Faust auf die untere, indem sie sich um den unteren Daumen schließt. Es wird immer weiter im Takt gestampft.

   Butter, Butter stampfe, eine Hand muß weg:
Sind alle Hände aufgestapelt, wird bei jeder Wiederholung die jeweils untere Hand weggezogen.

65 Regen

Einer: Es tröpfelt   *mit den Fingern Regengeräusch auf dem Boden machen, immer lauter werden*

          es nieselt,

          es regnet,

          es gießt,

          es blitzt   *in die Hände klatschen*

          es donnert   *auf den Boden trommeln*

          Jetzt hat der Blitz eingeschlagen.

          Wer ruft denn jetzt die Feuerwehr?

Alle: Feuerwehr, kommt mal, es brennt!

Einer: Da kommt die Feuerwehr, erst leise, dann immer lauter.

Alle: Tatü tatü tatü tatü tatü tatü, die Feuerwehr ist da.

Einer;   Jetzt wird der   *Bewegung mit den Händen machen*

          Schlauch ausgerollt   *Beide Hände ausstrecken als*

          und jetzt gelöscht.   *Spritze*

Alle: Pschpschpsch

Einer: Ist alles gelöscht?

          Dann rollen wir den   *(Einrollbewegung mit den*

          Schlauch wieder ein.   *Händen)*

          Jetzt fährt die Feuerwehr wieder weg, erst laut,

          dann immer leiser.

Alle: tatütatütätü tatü tatü – die Feuerwehr war da.

66 Herr Pinz und Herr Panz

die gingen zum Tanz.   *Spiel mit den Beinen: Das Kind*

Es gingen zum Tanz   *liegt im Schoß und streckt die Beine*

Herr Pinz und Herr Panz.   *weg. Man hält sie an den Unter-*

Erst machten sie so,   *schenkeln und bewegt sie auf und*

dann machten sie so,   *nieder. Beide Beine hochheben, auf*

dann machten sie so,   *die eine Seite drehen, auf die andere*

und dann strampeln sie froh.   *Seite drehen und strampeln lassen.*

67 Schiffchen

Fährt ein Schiffer übers Meer,
schaukelt hin und schaukelt her,
kommt ein großer Sturm,
fällt das Schiffchen um.

*Das Kind sitzt auf den Knien und
schaukelt hin und her, fest pusten,
es fällt nach hinten um.*

68 Pferdchen

Kommt mein Pferdchen her zu mir,
sollst mich einmal tragen,
aber rasch, das sag ich dir,
sonst muß ich dich schlagen.
Lustig in die Welt hinein,
lustig über Stock und Stein,
heisa, lustig, hopp, hopp, hopp,
bald im Trab, bald im Galopp.

Das Kind reitet auf den Knien

69 Ein Trösterle

Heile, heile Kätzchen
's Kätzchen hat vier Tätzchen
und einen langen Schwanz
– morgen ist wieder alles ganz.

70 Ein Gutenacht-Spruch

Komm her, mein Schneckchen,
ich streichel dein Bäckchen.
Komm her, mein Hase,
ich tipp auf deine Nase.
Komm her, mein kleiner Hund,
ich steck den Finger in deinen Mund.
Beißt du?
Na und!
Du bist mein Bärchen,
ich streichel deine Härchen,
und in deine Öhrchen
erzähl ich dir Märchen.
Schlaf gut!
(D. Kreusch-Jakob, 1978)

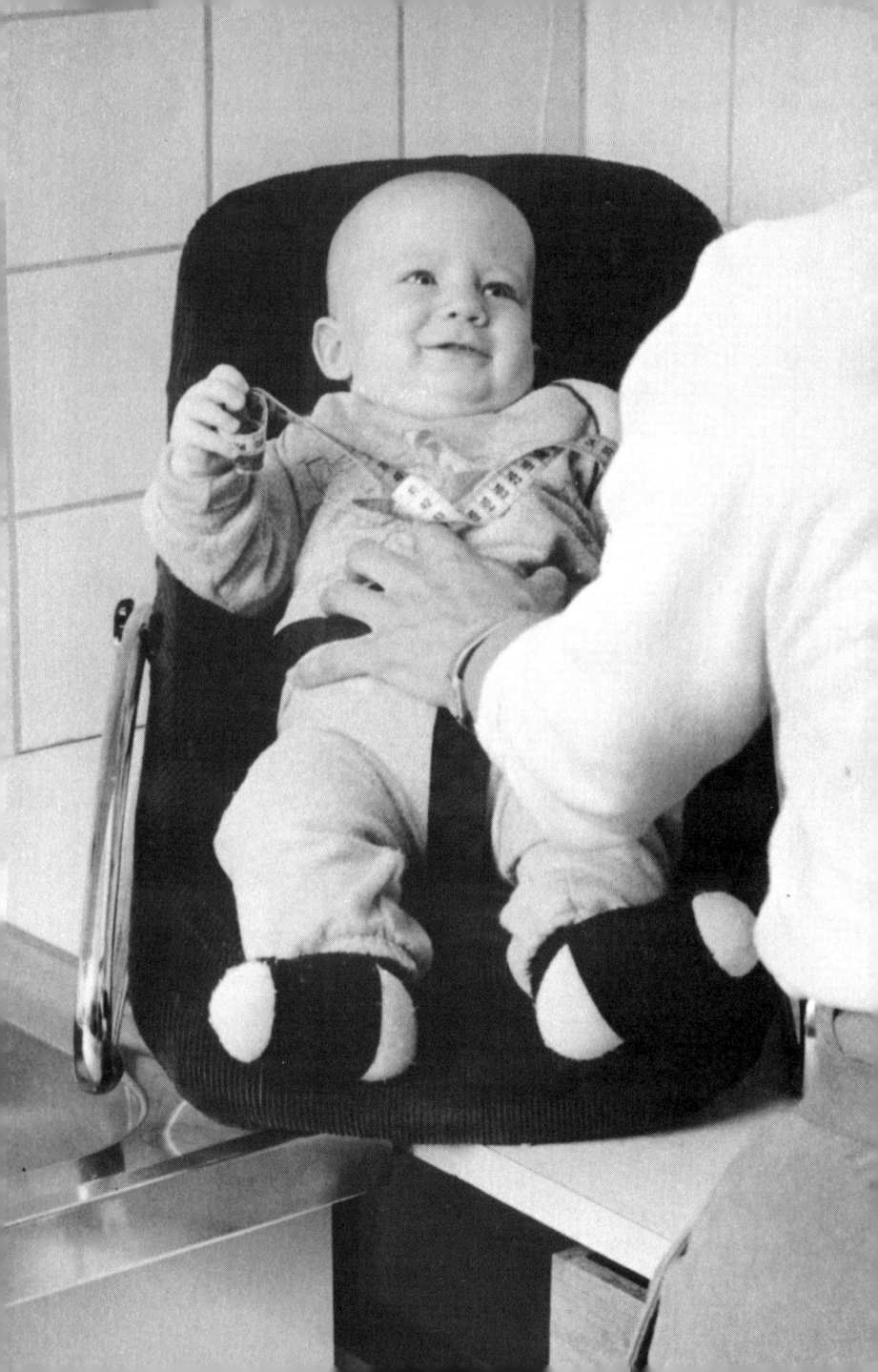

Kapitel 3

Baby im Haushalt

«Eigentlich spiele ich mit meinem zweijährigen Michael gar nicht oder aber den ganzen Tag – wie man will. Für mich wäre es furchtbar, mich zu ihm auf den Boden zu setzen und mit den Autos hin- und herzufahren. Das kann ich einfach nicht. Wahrscheinlich merkt er das und fordert mich gar nicht dazu auf. Er ist aber fast den ganzen Tag beschäftigt und will mir helfen. Inzwischen finde ich bei jeder Arbeit, die ich erledigen muß, eine interessante Beschäftigung für ihn. Natürlich verdoppeln sich manche Arbeiten auf diese Weise, und manchmal wird es kritisch, wenn er auf einer Beschäftigung besteht, die mir gar nicht lieb ist, z. B. wenn er unbedingt die Schuhe mit Schuhcreme einschmieren will. Dann muß ich mir überlegen, ob ich genug Zeit und Nerven habe, ihn das machen zu lassen, oder ob ich mir etwas anderes einfallen lassen muß. Wenn ich einmal von solchen Situationen absehe, dann muß ich sagen, daß Michael oft so lange und intensiv mit einer Sache beschäftigt ist, daß ich daneben in Ruhe etwas anderes machen kann», erzählt eine Mutter.

Messer, Putzmittel etc.

Alles, was der Erwachsene tut, ist dem Kind wichtig und nachahmenswert. Es sieht viele Gegenstände, die interessant sind; es möchte in der Nähe des Erwachsenen sein; es möchte

> entdecken,
> erforschen,
> ausprobieren,
> kennenlernen,
> üben,
> nachahmen
> und mitmachen.

Man bräuchte eine Menge Spielzeug, um die gleichen Möglichkeiten wie der Haushalt zu bieten. Viele Spielsachen sind im übrigen Imitationen von Haushaltsgegenständen, oder sie ahmen Beschäftigungen des Alltags nach. Solche Imitationen sind aber in der Regel schlechter als die Originale. Was soll man mit Kinderwäscheklammern anfangen, die zwar lieb aussehen, sich leicht öffnen lassen, die aber zu klein und zu schwach sind, um echte Wäschestücke damit aufzuhängen?

Kinder lernen es sehr schnell, mit Dingen des Alltags zu hantieren. Sie können es besser, wenn wir sie anleiten und es ihnen zutrauen. Natürlich sollen die realen Gefahren des Haushalts nicht verharmlost werden. Daß ein Bügeleisen heiß wird und man sich am Herd verbrennen kann, müssen aber wahrscheinlich alle Kinder schmerzlich erfahren. Für das Lernen durch Erfahrung gibt es allerdings Grenzen. Die Gefährlichkeit von elektrischen Steckdosen läßt sich nicht ausprobieren.

Dazu ein *Tip:* Manche Kinder geben sich mit einem Verbot zufrieden, an den selbstverständlich gesicherten Steckdosen zu manipulieren. Auf andere übt ein solches Verbot eine geradezu magische Anziehungskraft aus – wie z. B. auf unseren Zweieinvierteljährigen Niklas. Ihn reizte vor allem das Hineinstecken und das Wiederherausziehen des Steckers. Also bekam er mehrere alte Verlängerungskabel, Doppel- und Dreifachstekker, die er immer wieder anders miteinander kombinierte. Für einige Zeit konnte kein anderes «Spielzeug» damit konkurrieren. Da er jetzt mit echten Gegenständen hantieren konnte, ließ er von den Stromquellen ab und akzeptierte das Verbot.

Gleiche Probleme gab es mit dem Messer: Beim Vorbereiten des Essens gibt es täglich viel zu schneiden: Bohnen, Karotten, Lauch, Bananen usw., Niklas wollte dabeisein. So bekam er sein eigenes Küchenmesser: es ist leicht gesägt. Dann schneidet es gut, aber nicht so leicht in den Finger und es hat eine abgerundete Spitze, wenn das Messer einmal abrutscht.

Ich erinnere mich noch, wie stolz er war, als er dieses Messer bekam. Als erstes zerschnitten wir eine Banane: Ich legte ihm das Messer richtig in die Hand, zeigte ihm, wie er die Banane halten muß und führte bei den ersten Schnitten beide Hände.

Inzwischen schneidet er mit zweieinhalb Jahren recht perfekt, ein wachsames Auge im Hintergrund ist aber sicher noch lange nötig.

Ein anderes Problem sind die zum Teil höchst giftigen Putzmittel, die allgemein gebraucht werden. In einen Eimer mit Universalreiniger kann man Kinder kaum greifen lassen. Und man kann es nicht wagen, Kinder beim Fensterputzen helfen zu lassen, wenn man befürchten muß, daß sie vielleicht an dem Lappen mit Fensterreiniger lutschen könnten. Auch hierzu ein Tip: Die meisten dieser chemischen Mittel sind überflüssig und durch althergebrachte auch für die Umwelt sehr viel weniger belastende Mittel ersetzbar, wie z. B. durch Essigessenz, Zitrone und Neutralseife. Mit Hilfe eines schadstoffärmeren Wasch- und Putzmittels erreicht man vielleicht nicht das «strahlendste Weiß des Lebens», aber man eröffnet dem Kind ein weiteres, ungefährliches Tätigkeitsfeld und gibt der Umwelt in der Zukunft des Kindes eine größere Chance.*

Wenn man den Kindern erlaubt, Haushaltsgegenstände zum Spielen zu benutzen, so ist es fast unmöglich, die Wohnung immer tip-top in Ordnung zu halten: Wäscheklammern finden sich in allen Zimmern, aus den Wohnzimmerkissen wird im Flur eine Lagerstatt, der interessante Dosenöffner findet sich im Backofen wieder usw. Auch dies braucht viel Geduld, Langmut und Nachsicht.

Die folgenden Beispiele bringen einfache Tips und Berichte von alltäglichen Vorgängen: Was für uns eine Kleinigkeit ist, kann für kleine Kinder eine aufregende Beschäftigung sein – und damit für uns eine Entlastung. Jeder Erwachsene hat *seine* Möglichkeiten, Haushalt und Kleinkind zu verbinden: Kann einer es aushalten, sein Kind mit viel Wasser am Waschbecken plantschen zu lassen, so wird ein anderer schnell kribbelig und sucht solche Spiele möglichst zu vermeiden. Vielleicht kann er es dafür besser aushalten, über in allen Zimmern herumliegendes Spielzeug zu steigen.

Die aufgeführten Beispiele sollen dazu anregen, im eigenen häuslichen Alltag sich anbietende Ideen zu erkennen und aufzugreifen.

Hauptaktionsfeld Küche

Meine Kinder waren schon als ganz kleine immer gerne in der Küche dabei: In einer Wippe auf dem Küchentisch liegend hatten sie alles im Blick, ich konnte mit ihnen reden und singen, verschiedene interessante Gegenstände durften sie befühlen, schmecken, riechen: vom Kochlöffel über den Schneebesen bis zum Eierbecher. Später saßen sie auf einer Decke auf dem Boden, im Zentrum des Geschehens.

In einer Ecke meiner Küche habe ich einen großen Korb stehen: in ihm wird all das wertlose Material gesammelt, das einmal wertvoll sein kann – für das Kind zum Spielen oder für einfache Basteleien (siehe Kapitel Werkeln).

* Informationen hierzu geben die Verbraucherzentralen. Die meisten Naturkostläden vertreiben umweltfreundliche Wasch- und Putzmittel.

71 **Spiele mit wertlosem Material** Spiele mit wertlosem Material: Kleine Kinder können verschieden Papiere knüllen, reißen und in sie hineinbeißen. Größere Kinder formen aus leicht geknüllter Folie sogar kunstvolle Gebilde.

Pappschachteln und Dosen lassen sich öffnen und schließen – das mag das Kind immer und immer wieder tun. Der Erwachsene kann aber auch Dinge hineintun und nach ihnen fragen. Steckt man Korken, Kronkorken oder ein paar Bohnen hinein, wird eine Rassel daraus. Doch das Kind muß sie schnell wieder herausholen, umfüllen und – wieder verschließen ...

Kleine kräftige Glasflaschen (z. B. von Arzneien: Achtung! Sauber?) haben einen Schraubverschluß, den die Kinder aufdrehen und schließen können – immer wieder.

Leere Joghurtbecher können Kinder ineinanderstecken, stapeln, man kann Bohnen hin- und herschütten ...

Verschiedene Deckel können rollen, und manche werden zu Kreiseln.

Stellt man den Kindern solches Material zur Verfügung, entwickeln sie selbst die schönsten Ideen. Eine Freundin berichtete mir: «Christiane hat gestern ein neues Spiel entdeckt. Ich gab ihr die leere Küchenrolle und sie begann, sie als Schläger zu gebrauchen. Auf dem glatten Küchenboden schoß sie damit einen Kronkorken hin und her. Schließlich suchte ich mir eine zweite Rolle für ein gemeinsames Match.»

72 **Mit Küchengerätschaften gehts rund** Küchengerätschaften eignen sich besonders zum Spiel.

– Das Funktionsprinzip einer Schlagsahnespritze und ihren richtigen Zusammenbau zu begreifen, erfordert einiges Geschick und Experimente. Es kann durchaus passieren, daß sie diese nicht übersteht. Das führt dann leicht zur Verärgerung, aber riskieren wir nicht auch bei «echtem» Spielzeug, daß einmal etwas kaputtgeht?

– Auch Trichter und Sieb bieten Anreiz für vielerlei Experimente: Man kann Reis oder Linsen durchschütten (diese müssen vor dem Kochen sowieso noch gewaschen werden).

– Das gewaschene Besteck richtig einzusortieren, ist wirklich nicht so einfach.

– Wasserplanschen im Spülbecken ist immer wieder besonders anziehend, vor allem während der langen Wintermonate, in denen das Planschen im Freien entfällt.

Als Niklas eineinhalb Jahre alt war, hatten wir November, doch er war durch nichts vom Wasserspielen abzubringen. Noch konnte ich ihn nicht alleine auf dem Stuhl am Spülbecken stehen lassen – ein unbedachter

Schritt auf die Seite, und er würde herunterfallen. Ich hatte aber keine Zeit oder Lust, ständig neben ihm zu stehen. Ich mußte nach einer anderen Lösung suchen.

73 Das Äpfelchen

In — ei - nern klei — nen Ap — fel, da —
sieht's gar nied - lich aus: es — sind dar - in fünf
Stüb — chen, grad wie in ei - nem Haus.

In jedem Stübchen wohnen
zwei Kernchen schwarz und fein,
die liegen drin und träumen
vom lieben Sonnenschein.

Sie träumen auch noch weiter
gar einen schönen Traum,
daß sie einst werden hängen
am schönen Weihnachtsbaum.

Sie fand sich in der geöffneten Tür unserer Spülmaschine. Über ihr konnte er schütten und gießen, und das Wasser fing sich in der Mulde der Tür. Ob man diesen Tip übernehmen kann, hängt natürlich von der jeweiligen Konstruktion einer Maschine ab: Die Tür darf sich nicht zu leicht von alleine schließen, und es muß sichergestellt sein, daß das Kind nicht in die Maschine krabbeln kann.

Gut kam dieser Tip an: Eine schließbare Plastikflasche (z. B. eines Spülmittels) wird am Boden mit einer Nadel ein paarmal eingestochen; das Wasser hält sich dann relativ lange darin, und das Kind kann, wenn die

65

*Die Küche ist ein
unerschöpfliches
Aktionsfeld: Bohnen
waschen ...*

*... und waschen und
waschen und waschen
und waschen.*

*. . . und
waschen
und
waschen
und
waschen.*

*Ha, und dann
müssen sie
auch noch
geschnitten
werden!*

Flasche oben zu ist, durch diese Löcher ausdauernd in größere und kleinere Becher, in kleine Plastikkännchen gießen.

74 **Miteinander kochen** Warum sollen die Kinder nur zuschauen, wenn Obst und Gemüse gewaschen werden, wo sie doch leidenschaftlich gerne mit Wasser hantieren?

– Der Apfel schmeckt noch einmal so gut, wenn man ihn vorher selbst gewaschen hat. Oder soll er vor dem Essen noch in kleine Stückchen geschnitten werden?

– «Batz» machen ist immer schön: Warum nicht helfen, die gekochten Kartoffeln mit dem Stampfer für den Kartoffelbrei zu zermatschen?

– Besondere Koch- und Backaktionen haben natürlich ihren eigenen Reiz: Popcorn selber zu machen, bereitet größten Spaß. Eine Handvoll Popcorn (als geschlossenes Maiskorn in Naturkostläden oder im Reformhaus erhältlich) in einen Topf mit ein wenig sehr heißem Öl geben. Nach kurzer Zeit «explodieren» die Körner und springen aus dem Topf. Hat man den Topf zugedeckt, so trommeln sie nur gegen den Deckel. Im Anschluß an diesen Spaß kann man «Popcorn» spielen – auch für die Erwachsenen eine gesunde Übung: Aus der Hocke so hoch es geht in die Streckhaltung hüpfen und wieder klein werden.

– Ein besonderes Abendessen ist die bunte Brotplatte. Aus nicht ganz frischem Brot werden mit Plätzchen-Ausstechformen gemeinsam Figuren ausgestochen (Brotreste können mit Hackfleisch verarbeitet werden). Gleiches geschieht mit Käse- und Wurstscheiben. Die Brotfiguren werden verziert – der Phantasie sind keine Grenzen gesetzt.

– Da der Umgang mit jeder Art von Batz allen Kinder Spaß macht, ist Teig natürlich eine besondere Attraktion. Wenn ich backe, bekommen die Kinder einen eigenen Kloß: Einiges wird sofort gegessen, daneben entstehen verschiedene Küchlein, oft verziert mit Rosinen, Nüssen und Mandeln. Mit Hilfe gestiftelter Mandeln entsteht ein kleiner Igel. Gute Ausstecher gelingen selbst Dreijährigen meist noch nicht. Das Spiel mit dem Teig ist noch wichtiger als das Resultat. Vielleicht werden die fertigen Kuchen an dem festlich gedeckten Puppentisch von allen Puppen und Tieren mit großem Genuß verspeist.

Eierkuchen lieben alle Kinder. Nach diesem Rezept können sie ihn schon sehr bald alleine kochen:

Ein Ei, eine Tasse Milch, eine halbe Tasse Mehl, etwas Salz werden miteinander verrührt. Ist ein Stückchen Butter in der Pfanne verlaufen, kann der Teig hineingegossen werden – von beiden Seiten braten, fertig!

Die Wartezeit wird verkürzt durch die passende Version eines alten Liedes.

Bak-ke bak-ke Ku-chen! Die Ma-ma hat ge-
Willst du Ei-er-kuchen bak-ken, brauchst du gar nicht

ru-fen.
viele Sachen. Erst ein Ei, Mehl da-bei

Milch hin-ein, Salz darf es nur we-nig sein

rühr um, rühr um, rühr um, rühr um, rühr um, brrrr...

75 Wäsche, Decken, Tücher und Kissen So lästig die immer wiederkehrenden Wäscheberge sind – für kleine Kinder bieten sie viele Spielmöglichkeiten:
– Es macht Spaß, in einem Berg dreckiger Wäsche zu wühlen, zu graben, sich hineinzuschmeißen und sie schließlich in die Maschine zu stopfen.
– Beim gemeinsamen Aufhängen der Wäsche riskiert man, daß einiges wieder herunterfällt und vieles verkehrt hängt. So mancher lernt das zu ertragen, wenn er sich die Vorteile vor Augen führt.
– Besondere Spiele bieten sich beim Sortieren der Wäsche an, z.B. «Jetzt brauche ich alle roten Sachen!» «Welcher Socken gehört zu diesem?» «Wem gehört dieses Hemd?»
– Der leere Wäscheständer wird mit einem Badetuch oder einer Decke darüber zur Garage, zur Höhle oder zum Puppenhaus.
– Wäscheklammern sind immer auf neue Weise interessant: Babys können sie gut halten und darauf beißen (aber nicht, wenn sie aus Plastik sind!) Wenn sie stärker beißen, muß man sie eine Zeit wegtun, damit sie

*Teddy, wenn
du Geburtstag
hast ...
Quatsch, es ist
ja die kleine
Plüschmaus!*

*Trotzdem!
Ein Kuchen
mußte es
schon sein.
Die Haupt-
sache: es
schmeckt.*

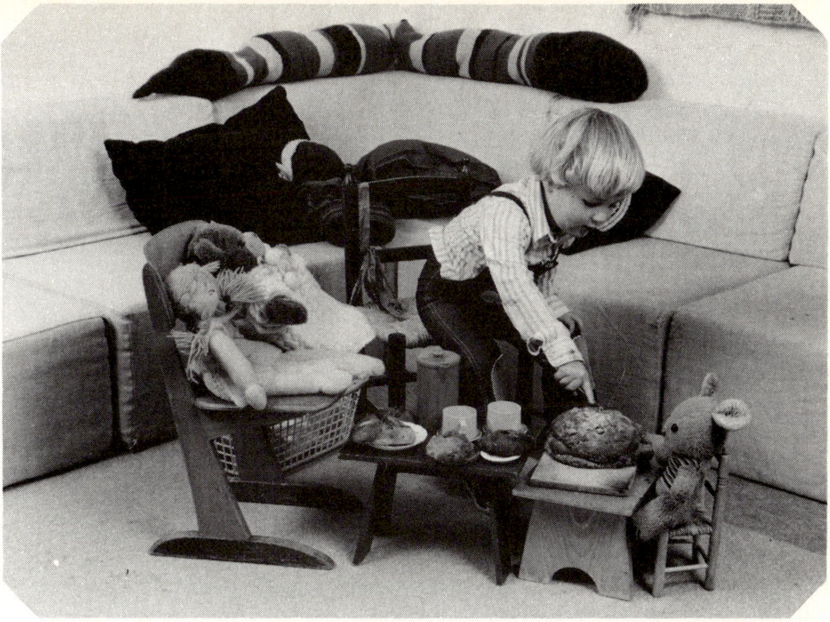

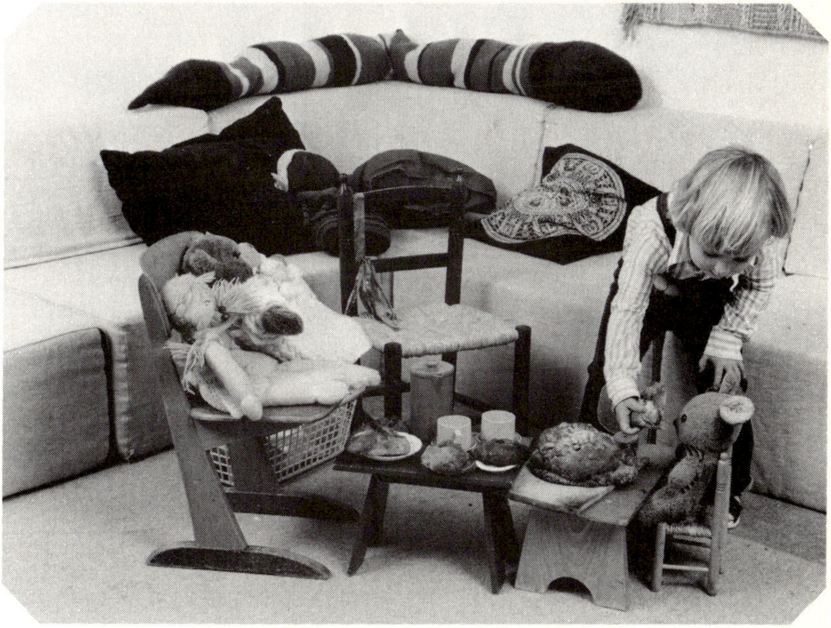

sich nicht unversehens die Finger einzwicken. Größere üben das Anzwikken und Abmachen, später bauen sie Türme und Ketten daraus.

– Eine Freundin erzählte, daß sie ihrem sechs Monate alten Mädchen keine größere Freude machen konnte, als neben ihr die Kopfkissen aufzuschütteln. Jedesmal lachte und quietschte sie vor Wonne.

– Betten sind die schönsten Trampoline. Man kann von ihnen aus sogar in einen Berg aus Bettdecken springen, ohne sich wehzutun.

– Der zweijährige Matthias hatte einige Papierservietten entdeckt. Sorgfältig faltete er sie auf und breitete sie auf dem Fußboden aus. Er strahlte über sein Werk. Dann balancierte er von einer zur anderen und wieder zurück.

Nicht lange danach entführte er die Geschirrtücher aus der Küche. Er legte sie über den Sitz seines Dreirads. «Schau mal, Mama, das Dreirad hat ein Fell bekommen. Ist ganz weich.»

– Einpacken und auspacken, verpacken in Tücher oder Papier, Päckchen machen und Postbote spielen wird immer wieder geübt. Das Schönste aber sind Wundertüten – selbstgepackt für den Papa, aber schon dreimal vorher geöffnet!

– Eines Tages wunderte ich mich, weshalb die Klopapierrollen immer gleich leer waren, sooft ich auch eine neue Rolle in den Halter geklemmt hatte – bis ich zufällig Zeuge des Geschehens wurde: Niklas hatte ein langes Stück Papier abgerollt und den Anfang in die Toilette gestopft, dann drückte er die Spülung ... Es sah wirklich lustig aus, wie die ganze Rolle in Windeseile im Klo verschwand!

Auch wenn man zu diesem Spiel ungern auffordert – Klopapier ist ein wunderschönes Spielzeug: Es läßt sich abrollen und aufrollen, knüllen, man kann es hinter sich herflattern lassen, man kann durch die ganze Wohnung Bahnen und Straßen legen, mit Klopapier werden schwerverletzte Puppen verbunden oder Kinder zu Mumien eingewickelt; und im Wasser wird es besonders schön weich und batzelig, so daß man daraus schließlich noch schöne weiche Pappmachés herstellen kann (Rezept siehe Nr. 121)

76 Spiele beim Putzen Das Putzen ist sicher für die meisten Eltern der heikelste Bereich im Haushalt. Der Wischeimer kippt, sind Kinder dabei, nicht nur einmal um, und nach dem gemeinsamen Fensterputzen müssen diese erst recht geputzt werden. Das An- und Ausschalten des Staubsaugers ist auch so eine Sache; diese Zauberei macht unendlichen Spaß, um so mehr, je mehr die Mutter dabei genervt wird. Dann sind rettende Ideen gefragt:

– Läßt sich der Staubsauger in ein Pferd verzaubern? Ein paarmal klappt es sicher, wenn man gegen den Lärm ansingt und das Kind hinterherzieht:

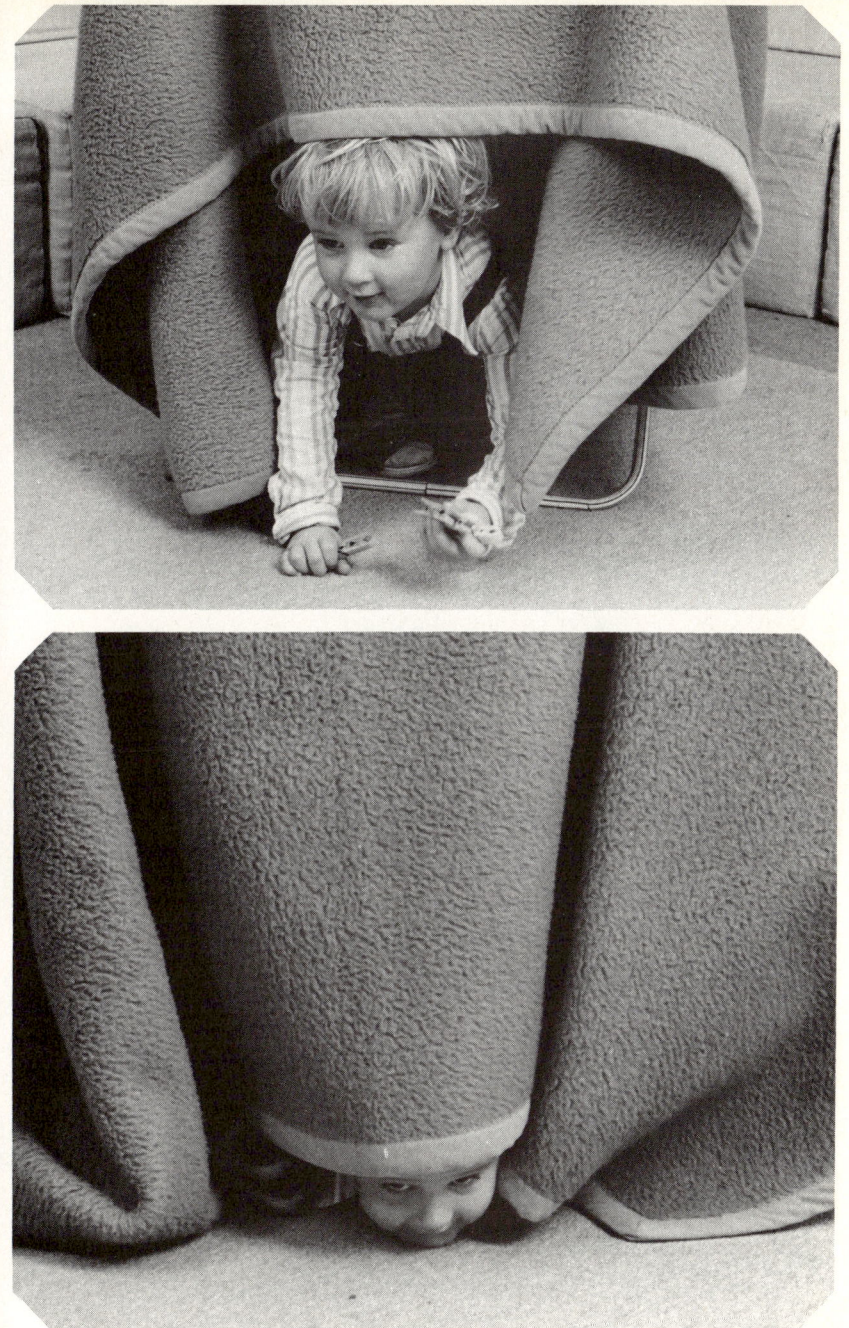

«Hopp, hopp, hopp, Pferdchen lauf Galopp,
über Stock und über Steine,
aber brich dir nicht die Beine!
Hopp, hopp, hopp, hopp, hopp, immer im Galopp!

Tip, tip, tapp, wirf mich nur nicht ab!
Zähme deine wilden Triebe
Pferdchen tu es mir zuliebe!
Tip, tip, tip, tip, tapp, wirf mich nur nicht ab!

brr, brr, he, steh doch, Pferdchen, steh!
Sollst ja gleich schon weiterspringen,
will dir nur noch Futter bringen.
Brr, brr, brr, brr, he, steh doch, Pferdchen steh!

Ha, ha, ha, juch, nun sind wir da!
Hallo, hallo, liebe Mutter
findet auch mein Pferdchen Futter?
Ha, ha, ha, ha, ha, juch, nun sind wir da.

Für solche und ähnliche Situationen braucht es immer wieder gute Ideen, aber auch unendlich viel Ruhe und Geduld – und gute Nerven!

77 **Luftspiele** Katja, fast drei Jahre alt, kommt aus ihrem Kartonhaus gekrabbelt.

«Papa, ich koche ein Essen für dich.»

«Was kochst du denn?»

«Nudeln!»

«Gut, die mag ich gerne.»

Sie verschwindet und kommt gleich wiede.

«Fertig, Papa.» Sie hält die Hände wie eine Schüssel und legt sie dem Papa in den Schoß.

«Ich mag aber noch ein wenig Soße drauf.»

Sie verschwindet erneut und drückt gleich darauf dem Vater eine Flasche in die Hand.

«Da hast du Ketchup.»

«Ich mag aber Ketchup nicht so gerne.»

«Es gibt aber nichts anderes. Ich hole mir auch noch Nudeln.»

Dann sitzen beide einträchtig nebeneinander und schaufeln sich «Nudeln» in den Mund.

Solche Spiele liebte Katja lange und spielte sie immer wieder und ausdauernd. In Küche und Haushalt mitmachen zu dürfen, regte sie zu immer neuen Spielen an; andere Erlebnisse wurden wiederholt und verarbeitet, Beobachtetes imitiert, Wünsche und Sehnsüchte ließ sie spielerische Realität werden.

Sie fand dafür ihre eigene Definition: Luftspiele. Man braucht dazu gar nichts als nur Luft oder nur wenige andeutende Ersatzgegenstände. Der Pudding kann in der Luft gerührt werden oder aus Zeitungsschnipseln und Wasser; ein Teewagen wird zum Wagen des Eisverkäufers, aus dem unendlich viel Eis geschöpft wird; die Küchenecke wird zum Pferdestall, in dem das Pferd gefüttert und sorgfältig gestriegelt wird.

Unverzichtbar aber ist für solche Spiele ein Erwachsener, der sich auf die Kinder einläßt, der sieht, was das Kind sieht, der schmeckt, was es kocht, der hört, was es hört, der sich mit ihm freut und mit ihm traurig ist und der vielleicht sogar durch eigene Ideen das Spiel weiter ausbaut. Oft lassen sich Tätigkeiten des Erwachsenen einbauen und jeweilige Gegebenheiten einbeziehen.

Solche Spiele machen viel Spaß, und es ist großartig zu beobachten, wie die Kinder ganz und gar in solchem Spiel aufgehen können.

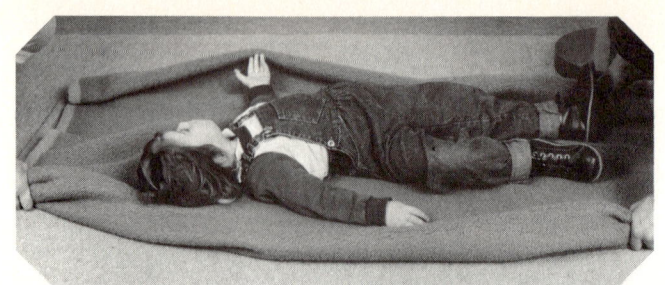

Kapitel 4

Wie wunderbar ist Krach und auch Musik

Wir waren aus dem Urlaub zurückgekehrt. Unser Jüngster, vier Monate alt, Niklas, hatte die Reise im Wohnmobil ohne Probleme mitgemacht. All der Trubel und die Unruhe hatten ihn nicht daran gehindert, sich seinen benötigten Schlaf zu nehmen. Als ich ihn dann aber zu Hause in seinem ruhigen Zimmer zu Bett bringen wollte, war an Schlaf nicht zu denken. Schließlich nahm ich ihn mit in die Küche: Gespräche und Küchengeräusche um ihn herum – eh ich es mich versah, war er eingeschlafen. Vertraute Geräusche können beruhigen, fehlen sie plötzlich, bekommen Kinder Angst.

Es dauerte noch einige Zeit, bis er sich wieder an sein Zimmer mit dessen Geräuschen gewöhnt hatte: Hier hörte er viele bekannte Geräusche nur gedämpft, vorbeifahrende Autos waren lauter als die sonst vertrauten Stimmen.

Geräusche verstehen

Geräusche sind für kleine Kinder wichtig: Sie helfen ihnen, ihre Umgebung zu erkennen und zu unterscheiden, sie helfen ihnen, sich in einem Raum zurechtzufinden. Es fordert langes Lernen, bis sie mit all dem, was sie hören, zurechtkommen.

Als Niklas etwa eindreiviertel Jahre alt war, fragte er über Wochen hinweg immer wieder: «Mama, is denn das?» Ich brauchte eine ganze Weile, bis ich verstand: Ein Flugzeug, dessen Geräusch ihm noch fremd war, hatte ihn beunruhigt.

Jetzt war er soweit, daß er versuchte, die Geräusche zu verstehen und einzuordnen. Ich konnte ihm seine Fragen oft nicht beantworten; manchmal erinnerte ich mich gerade noch, einen sich entfernenden Zug, eine quietschende Bremse oder eine zufallende Tür gehört zu haben. Hätte er nicht gefragt, ich hätte das Geräusch nicht gehört. Wir haben gelernt, zu sortieren und nur das bewußt werden zu lassen, was uns angeht. – Er war dabei, dies zu lernen.

Geräusche erkennen und verstehen kann man aber nur, wenn man mit ihnen experimentieren kann, wenn man ausprobieren kann, was geschieht, wenn man das tut und jenes läßt, wenn man sieht, wie ein Geräusch entsteht.

Der Säugling hält die Rassel ganz fest: Er entdeckt, daß sie erst klappert, wenn er die Hand bewegt; er wiederholt es ständig.

Ein paar Monate später steckt er Steine in eine Dose. Er dreht die Dose um – die Steine klappern. Er wiederholt die Bewegung, nimmt die Steine heraus, steckt sie wieder hinein, schüttelt wieder, bis er wirklich «verstanden» hat: Wenn ich die Steine in die Dose tue und die Dose bewege, dann klappert es.

Beim Essen fällt zufällig der Löffel aus der Hand – das klingt lustig und muß wiederholt werden! Schlägt der Löffel an den Tellerrand, klingt es ganz anders und noch viel lustiger am Glas!

Vielleicht dauert es nicht lange, da wird entdeckt, daß sich mit unterschiedlich gefüllten Gläsern verschiedene Töne erzeugen lassen, indem man an die Gläser klopft oder sie durch Reiben auf dem Rande zum Schwingen bringt! (Vorher Finger befeuchten.)

Wie es klingt, wenn eine Tür zufällt oder zugeworfen wird, muß das Kind ausprobieren: in einem Zug muß es selbst einmal mitfahren und so das Geräusch erleben und begreifen – und dann nachmachen!

Alle Kinder spielen mit Geräuschen und Tönen, ohne daß man sie dazu anregen müßte. Durch eine Reihe von Spielen kann man sie darüber hinaus zu aufmerksamem und differenziertem Hören anregen – und das macht auch noch viel Spaß!

78 Geräusche im Haus Bei der Erledigung der Arbeit im Haushalt bieten sich viele Gelegenheiten, mit Geräuschen zu spielen und auf verschiedene Klänge aufmerksam zu machen:
- «Mach einmal die Augen zu und horche, was ich mache!»
- Wasser wird ausgeschüttet,
- Wasser tropft in einen Becher,
- der Deckel wird auf den Topf gelegt,
- das Licht an- und ausgeschaltet usw.
- «Verschiedene Dinge fallen herunter. Kannst du sie erraten?» Ein Ball, ein Bauklotz, ein Löffel, ein Deckel usw.
- «Jetzt sind wir ganz leise und horchen, was wir von draußen alles hören können!»

Ein vorbeifahrendes Auto, einen bellenden Hund, Männerstimmen usw.

79 **Schachtelpaare finden** Mehrere Schachteln werden mit verschiedenen Dingen gefüllt: Kronkorken, Weinkorken, Bohnen, kleinen Steinen, größeren Steinen usw. und geschüttelt.

Jeweils zwei Schachteln haben den gleichen Inhalt. Wer findet heraus, welche Schachteln zusammengehören?

80 **Bilderbuch-Geräusche** Eltern und Kinder schauen sich gemeinsam ein Bilderbuch an, in dem viel zu entdecken ist. «Jetzt mache ich ein Geräusch, und du suchst, wer auf dem Bild dieses Geräusch macht.» Natürlich muß auch einmal der Erwachsene suchen!

81 **Wo ist der Wecker?** Im Zimmer wird ein Wecker versteckt.

82 **Wer kann dieses Geräusch erraten?** Ein Erwachsener macht hinter seinem Rücken verschiedene Geräusche (oder ein anderer Erwachsener versteckt sich dazu im Raum):
er raschelt mit Papier
klappert mit Besteck
bürstet einen Schuh
läßt Murmeln in einen Becher fallen usw.

83 **Wir spielen Töne** Ein Erwachsener singt vor:

hohe Töne	– die Kinder strecken sich ganz hoch
mittlere Töne	– die Kinder stehen gerade
tiefe Töne	– die Kinder gehen in die Hocke
ein ganz tiefer Ton	– die Kinder legen sich hin.

Am besten beginnt man dieses Spiel bei den Kleinen nur mit hohen und tiefen Tönen, um es mit der Zeit immer weiter auszudifferenzieren, auch über das oben Vorgeschlagene hinaus: Es können z. B. kleine Melodien gemeinsam dargestellt werden.

84 **Besuch beim Uhrmacher** Alle sind Uhren, große, kleine und ganz kleine Uhren. Viele Uhren hängen beim Uhrmacher an der Wand. Manchmal bleibt eine Uhr stehen, dann muß sie aufgezogen oder repariert werden.
Sehr geübte Kinder können dieses Lied als Kanon singen.

Gro - ße Uh - ren ge - hen tick, tack,
(Beide Arme über den Kopf strecken und von einer Seite auf die

tick, tack, klei - ne Uh - ren ge - hen
andere schwingen. Der Kopf pendelt im Takt von einer Seite zur

tik - ke, tak - ke, tik - ke, tak - ke,
anderen,

und die ganz ganz klei - nen Uh - ren
die Hände vor der Brust flach zusammenlegen und hin- und her-

tik - ke, tak - ke, tik - ke, tak - ke, tik - ke tak - ke, tick.
bewegen.)

Musik hören – Musik machen

Geräusche sind schön, Musik ist noch schöner. Doch auch Musik kann
erschrecken. Es sind nicht nur die lauten Töne (ein Baby hört lauter als
wir), oft ist es eine bestimmte Art von Musik oder bestimmte Instrumente, die beunruhigen. Wahrscheinlich nehmen Babys höhere Schwin-
gungen besser wahr.

Gefällt einem Kind eine Musik, so ist dies leicht zu erkennen. Es hört
nicht nur, es strampelt, hopst oder tanzt, kräht oder singt vergnügt mit.

Fröhliche Musik kann fröhlich machen, ruhige Musik läßt ruhig werden. Ein Schlaflied entspannt und läßt abschalten – erst recht, wenn man
dabei auf dem Arm gehalten und geschaukelt wird.

Niklas sitzt auf dem Schaukelpferd und schaukelt hin und her. Er sieht
zufrieden aus, er träumt, er beginnt zu summen: Im Rhythmus des Schau-

kelns singt er selbstvergessen ein Phantasielied vor sich hin, immer wieder. Doch dann schaukelt er energischer, das Lied wird bestimmt: «Angekommen!» ruft er laut seinem Pferd zu, steigt ab und nimmt sich seine Bauklötze vor.

Das Schaukeln brachte ihn in wohliges Träumen, seine Zufriedenheit und die Bewegung setzten sich in Töne um, wie auch dann, wenn er im Kinderwagen oder im Auto gefahren wird.

Viele Erwachsene bedauern es, keine Lieder auswendig zu können; sie haben in ihrer Kindheit kaum welche gelernt. Kassetten mit Kinderliedern sind kein Ersatz für gemeinsames Singen, sie sind für kleine Kinder nicht sinnvoll:

Diese haben beim Singen ihr eigenes, meist sehr langsames Tempo. Sie wollen nur ein Lied auf einmal lernen oder auch nur eine Strophe. Manchmal gefällt ihnen eine einzelne Zeile besonders gut, also singen sie erst einmal nur diese. Sie wollen ein Lied unterbrechen und fragen oder reden.

Auf all das kann eine Kassette natürlich keine Rücksicht nehmen. Ein Lied folgt dem anderen und rauscht über den Kopf des Kindes hinweg.

Der positive Nutzen der Kassetten liegt darin, uns Erwachsenen auf die Sprünge zu helfen. Mit ihrer Hilfe lernen wir alte und neue Lieder leichter als aus Notenbüchern und können sie dann an die Kinder weitergeben.

Tip: Beim Kauf einer Kinderkassette empfiehlt es sich, auf folgendes zu achten: – Gelingt es beim probeweisen Anhören, die Lieder problemlos mitzusummen? Auf manchen Einspielungen singen die Chöre so hoch, daß ein ungeschulter Sänger unmöglich mithalten kann. Werden die Lieder von einem dicken Orchester begleitet, kann dies beim Hören verwirren.

– Aufnahmen eines Kinderchores mit einigen wenigen begleitenden Instrumenten sind in der Regel am sinnvollsten und schönsten (Beispiele dafür sind die fünf Kassetten: Sing mit – Spiel mit Nr. 1–5 bei Schwann, Hören und Lernen; es singt und spielt das Kindermusikstudio Saarbrücken unter Christa Frischkorn).

Tip: Ein Ansporn zu gemeinsamem Singen kann ein Liederbuch für die Hand des Kindes sein. Erkennt es die verschiedenen Lieder an Hand dazugehöriger Bilder, wird es bald von sich aus daraus zu singen beginnen oder einzelne Lieder fordern. «Die Liederfibel» von Heribert und Johannes Grüger (Schwann, Düsseldorf 1968) hat sich schon bei vielen Kindergenerationen bewährt. (Siehe die Liste empfehlenswerter Liederbücher S. 214.)

Später bedarf dieses Buch allerdings der Ergänzung durch ein umfangreicheres Liederbuch.

Anders ist es mit Tanzmusik für Kinder: Sobald Kinder laufen können, tanzen sie begeistert und unbekümmert, sie reagieren spontan auf «flotte

Musik». (Vorher tanzen sie ebenso begeistert auf dem Arm des Erwachsenen mit!) Sie unterscheiden bald zwischen verschiedenen Rhythmen und Klangcharakteren und bewegen sich entsprechend. Sich einige gute Kindertanzplatten anzuschaffen, lohnt unbedingt. Sie werden sicherlich nicht nur bei Kinderfesten gespielt.

Tip: Die Firma Fidulafon hat sich vor allem auf Musik für Kinder spezialisiert; sie bietet ausgezeichnete Platten an. Als Beispiel sei die Platte «Tierzirkus» genannt: Verschiedene Tiere werden musikalisch dargestellt und sind gut zu unterscheiden: Pferde, Affen, Tanzbären, Löwen usw. Die Kinder sind aufgefordert, wie das jeweils klingende Tier zu tanzen oder sich zu bewegen. Besonders zu empfehlen sind eine Reihe von Volkstänzen: Mit größeren Kindern tanzt man sie nach Anleitung, mit kleineren frei, ganz nach Lust und Laune:

85 Einige Tanzideen

– Wer nicht frei herumhopsen will, tanzt vielleicht zu zweit hin und her und rundherum;
– oder alle fassen sich an den Händen und hüpfen im Kreis, rechts herum und links herum;
– oder sie ziehen als lange Schlange durch mehrere Räume.
– Nicht zu vergessen sei das Klatschen und Stampfen, wo es paßt! (Vgl. das Kapitel Spiellieder)
– Vielleicht mag ein Kind die Musik durch Rhythmusinstrumente unterstützen? Dann wird die Platte sicher bald nicht mehr gebraucht. Gemeinsam singen Eltern und Kinder ein bekanntes Lied (z. B. «Oh, du lieber Augustin ...» oder «Die Tiroler sind lustig ...» oder auch «Trarira, der Sommer, der ist da ...» u. v. a.).
– Aber es geht auch ohne Lied: Dann muß der Erwachsene durch sein Instrument – es muß am lautesten und kräftigsten zu hören sein – einen eindeutigen Rhythmus angeben, an dem sich alle anderen orientieren können.

Instrumente für die Hand der Kinder

Einige Instrumente lassen sich selbst herstellen – sie machen viel Spaß.

86 Glühbirnenrassel
Eine alte Glühbirne wird umkleidet: Ein Stück Zeitungspapier, viel dicker Tapetenkleister, Zeitung, Kleister in mehreren Schichten um die Birne legen, so daß sie noch an ihrer Form zu erkennen ist. Immer mit Kleister tränken. Nach ein bis zwei Tagen ist das Zeitungs-

papier gut durchgetrocknet. Dann wird das Glas der Birne mehrfach ge-brochen, indem man sie gegen eine harte Kante schlägt. Das zerbrochene Glas klingelt jetzt im Inneren. Nun muß die Rassel nur noch angemalt und eventuell lackiert werden.

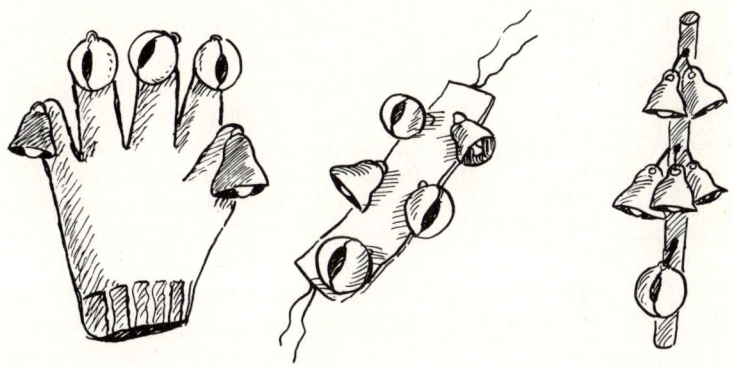

87 Klingende Glöckchen

– Glöckchenhandschuh: Auf den Rücken von Fäustlingen oder auf die Finger von Fingerhandschuhen werden mehrere Glöckchen genäht. Sie klingeln bei jeder Bewegung, besonders beim Klatschen.

– Glöckchenbänder: Näht man die Glöckchen auf ein buntes Filzband, kann man sich dieses um die Hand- oder Fußgelenke binden oder um den Kopf.

– Glöckchenstab: Ein etwa 30 cm langes Rundholz wird in der oberen Hälfte von verschiedenen Seiten und in verschiedenen Höhen durch-bohrt. Durch die Löcher werden locker aufgehängte Glöckchen gebun-den. Wird der Stab gestaucht, so erklingen sie alle miteinander.

88 Rasselsäcke
In einen kleinen Sack sammelt man Nußschalen, Muscheln, Kirschkerne o. ä. und bindet ihn zu. Er darf aber nicht zu prall ge-füllt sein, damit er sich gut schütteln läßt.

89 Kronkorkenrassel
Diese herzustellen, ist eine Arbeit für begeisterte Hämmerer: Viele Kronkorken werden mit Hilfe eines dicken Na-gels durchbohrt. Man fädelt sie auf einen festen Draht und schließt ihn zu einem Kreis, so daß die Hand gut Platz hat und die Korken dennoch Spiel haben.

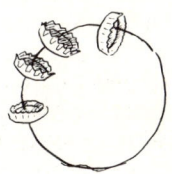

90 **Blechdosenrasseln** In einzelne Dosen (z. B. Kaffee- oder Teedosen) werden verschiedene Materialien gesteckt: Weinkorken, Kronkorken, Bohnen, Steine. Jede Dose hat einen anderen Klang.

91 Trommeln

– Eine große Waschpulvertonne ist schon eine fertige, stabile Trommel. Schöner sieht sie aber aus, wenn sie bemalt oder beklebt wird. Bindet oder klebt man (mit Tesakrepp) mehrere verschiedene große Blechdosen nebeneinander, so kann man verschiedene Töne trommeln. Als Trommelschlegel dienen Kochlöffel oder Rundholzabschnitte.

– Und noch eine besondere Trommel: An einer hölzernen Käseschachtel (oder größeren Streichholzschachtel) wird ein Stock befestigt (Loch bohren und den Stock innen mit Tesakrepp befestigen). An kurzen Schnüren werden Holzkugeln festgeknotet und durch Löcher in der Schachtel befestigt. Wird am Stab gedreht, so schlagen sie gegen die Schachtel. Werden noch einige fertige Instrumente dazugenommen, hat man schnell ein ganzes Orchester beisammen: Babyrasseln, Kindertrompete, Flötenköpfe, Tamburin, Triangel, Pfeifen, Glockenspiel, Topfdeckel, Plastikschüssel und Kochlöffel

Spiellieder

Singen ist schön, und Tanzen ist schön – beides zusammen für viele das Allerschönste. «Pomm, hinga heie machen!» – Es gibt kleine Kinder, die würden am liebsten den ganzen Tag singen und tanzen, immer wieder das gleiche.

Die meisten Spiellieder für die ganz Kleinen sind einfach, gerade deshalb aber verständlich und leicht zu merken. Sie ähneln darin manchen Faschingsschlagern, die in das Repertoire vieler Treffs und Kindergärten übernommen wurden (z. B. «Rucki zucki» und «Der Ententanz»). Das gemeinsame Spiel nach diesen Liedern in größerer Runde macht den Beteiligten viel Spaß – aber nicht allen.

«Ich mag nicht!» Drei Mütter und ihre Kinder wollen miteinander singen: «Widewidewitt, wir wollen tanzen ...» Der zweieinhalbjährige Martin hat sich in eine Ecke des Raumes zurückgezogen. Er sitzt auf dem Boden und nuckelt am Finger. «Ich mag nicht», wiederholt er energisch. «Magst du vielleicht auf meinem Arm mittanzen?» Er schüttelt den Kopf und bleibt sitzen. Seine Mutter ist ratlos. Was soll sie machen – sich zu ihm setzen oder mittanzen? Alle anderen stehen schon im Kreis und warten. Sie wird ärgerlich. «Wenn er nicht mag, dann laß ihn doch. Er muß doch nicht mitmachen. Vielleicht kommt er später dazu.» Er kam aber nicht dazu. Während der ganzen Zeit saß er in seiner Ecke, beobachtete aber aufmerksam das Geschehen.

Solche Situationen sind für Kinder und Erwachsene oft nicht leicht auszuhalten. Es gibt viele Kinder, denen die große Runde eines gemeinsamen Spiels zunächst befremdlich ist und Angst auslöst, selbst wenn sie mit den einzelnen Teilnehmern durchaus vertraut sind. Lassen Eltern die Kinder abwarten und beobachten, kommen sie meist nach einiger Zeit von ganz alleine dazu, besonders wenn sie sehen, wieviel Spaß es den anderen macht.

Martins Mutter erzählte nach diesem Ereignis, daß Martin es nach jenem Treff kaum erwarten konnte, nach Hause zu kommen. Dort mußte sie das Lied immer und immer wieder mit ihm tanzen. Er hatte alles genau beobachtet und sich gemerkt. Bis er an der großen Runde mitzutanzen wagte, vergingen aber noch einige Treffs.

Es gibt Kinder, denen das Singen und Tanzen einfach nicht gefällt. Da bleibt nur, dies zu respektieren.

92 Teddybär

1. Ted - dy - bär, Ted - dy - bär, dreh dich um.
2. Ted - dy - bär, Ted - dy - bär, mach dich krumm.
3. Ted - dy - bär, Ted - dy - bär, heb dein Bein.

4. Ted - dy - bär, Ted - dy - bär, das ist fein.

Jede Zeile wird einmal wiederholt, damit die Kinder sich bewegen können.

93 Tanzbär

Ich bin der klei-ne Tanz-bär und kom-me aus dem
(Wir sind die klei-nen Tanz-bärn und kom-men aus dem

Wald. Ich such mir ei – ne Freun – din und
Wald. Wir suchen uns ei – ne Freun – din und

fin – de sie so bald. Und wir tan – zen
fin – den sie so bald.)

hübsch und fein von ei – nem auf das an – dre Bein.

1. Variation:

Alle tanzen im Wiegeschritt langsam hin und her, in der 3. Zeile fassen sich immer zwei bei der Hand.

2. Variation:

Alle stehen im Kreis, ein Tanzbär in der Mitte, er tanzt mit einer Freundin, faßt sie bei den Händen und tanzt die 3. Zeile mit ihr gemeinsam. Dann trennen sie sich. Das Lied beginnt von vorne, und beide suchen sich jeweils eine neue Freundin usw.

94 Ein kleiner Esel

Ich bin ein klei – ner E – sel und

wan – dre durch die Welt, ich wack – le mit dem

Hin - ter - teil, so wie es mir ge - fällt. I -

a, i - a, i - a, i - a, i - a.

1. Variation:
Alle wandern langsam hintereinander her, wackeln mit dem Hinterteil und verneigen sich bei jedem i-a tief.

2. Variation:
Der Esel krabbelt auf allen Vieren und hat einen Reiter auf dem Rücken sitzen.

3. Variation:
Ein Esel beginnt alleine und holt sich einen zweiten dazu. Die Wiederholungen beginnen dann entsprechend: Wir sind zwei (drei, vier ...) kleine Esel ...

4. Variation:
Dem Esel folgen verschiedene andere Tiere, z. B.
– Wir sind zwei grüne Frösche

und hüpfen durch die Welt.

Wir hüpfen her, wir hüpfen hin,

so wie es uns gefällt!

Quak, quak!

– Wir sind drei Krokodile

und kriechen durch die Welt,

wir fressen alles, was da kommt,

so wie es uns gefällt!

Ua, ua!

– Wir sind vier lahme Schnecken

und schleichen durch die Welt ...»
(nach: D. Kreusch-Jacob, 1978)

95 Onkel Jörgs Bauernhof

On – kel Jörg hat ei – nen Bau – ern – hof.
Hi – a – hi – a – ho. Da lau – fen vie – le
Hun – de rum. Hi – a – hi – a – ho. Es macht
wau, wau hier, es macht wau, wau da,
wau wau hier, wau wau da, wau wau ü – ber – all.

In jeder Strophe wird ein anderes Tier eingesetzt und dessen Laute nach-
gemacht: Entweder ein Vorsänger bestimmt, welches Tier dran ist, oder –
noch besser – jeder kommt dran und darf das Tier bestimmen (vielleicht
auch vorspielen). Dieses Lied hat sich als Endloslied schon auf mancher
Autofahrt bewährt!

Aus England. Deutscher Text: Richard Rudolf Klein, aus: Willkommen, lieber
Tag, Bd. 1, Verlag Moritz Diesterweg, Frankfurt am Main.

96 Müller's Sackerl!

Mül – ler, Mül – ler, 'sSak – kerl! Der
Mül – ler, der ist nicht zu Haus, das Tor ist zu, der
Rie – gel vor! Da werf mer 'sSak – kerl vor das Tor!

Zwei Erwachsene halten ein Kind an Händen und Füßen oder in einer Decke liegend. Sie schwingen es hin und her und legen es schließlich mit Schwung ab (siehe Fotos S. 76).

97 Die Riesenschlange

Lan – ge, lan – ge Rie – sen – schlan – ge,
wer geht mit? Der Tho – mas mit den
brau – nen Schuhen, der geht mit!

Bei jeder Wiederholung wird ein anderes Kind oder ein anderer Erwachsener benannt, der sich an den Schlangenkopf anhängt.

98 Eisenbahnlied

Tschu, tschu, tschu, die Ei – sen – bahn,

wer will mit zur O – ma fahrn, al – lei – ne fah – ren

mag ich nicht, da nehm ich mir die El – ke mit.

In jeder Strophe wird ein Kind oder ein Erwachsener abgeholt und ange-
hängt. Der Zug fährt, geführt vom Lokomotivführer, im Raum herum.
Sind alle eingestiegen, wird die letzte Strophe abgewandelt «... und jetzt
fahren ja schon alle mit.»

Wenn alle noch weiterfahren möchten, singt man einfach eine ganze
Strophe auf «tschu, tschu, tschu ...»

«Angekommen, alles aussteigen!»

99 Wo ist die Riesenschlange? (Sprechgesang)

Sieh, da kommt die Riesenschlange!
Sie geht aus zu ihrem Fange,
vorn der Kopf und hint der Schwanz,
so beginnt der Schlangentanz.

Sehr langsam und geheimnisvoll sprechen; alle fassen sich an den Händen und schlängeln sich durch den Raum.

100 Lauf, Mühle lauf!

Müh – le, Müh – le lauf, lauf, lauf, der

Mül - ler, der steht drauf, drauf, drauf. Macht der Mül – ler

bum, bum, bum, dann fällt die gan – ze Müh– le um.

Alle stehen im Kreis und fassen sich an den Händen.

Zunächst laufen alle schnell im Kreis herum. Bei: «Macht der Müller bum, bum, bum ...» bleiben sie stehen und stampfen mit den Füßen – dann fallen sie um.

Erwachsene umfallen zu sehen, macht den Kindern besonderen Spaß!

101 Der kleine Hampelmann

1. Ich bin der klei – ne Ham – pel-mann, der

Arm und Bein be – we-gen kann, mal hin mal
(klatsch, klatsch)
(Arme nach rechts)

her (klatsch, klatsch) mal auf (klatsch, klatsch) mal
(Arme nach links) (Arme über den Kopf)

ab (klatsch, klatsch) und manch- mal auch klipp klapp.
(Arme vor dem Bauch) (mit den Füßen)

2. Man hängt mich einfach an die Wand
   und zieht an einem langen Band,
   mal hin ...

3. Und kommt für mich die Schlafenszeit,
   dann bin ich armer Mann befreit,
   mal hin ...

102 Elefantenlied

Was mö – gen das für Bäu – me sein,

wo die gro – ßen E – le – fan – ten spa –

zie – ren gehn, oh – ne sich zu sto – ßen!

Auf Zehenspitzen im Kreis gehen, die Hände hoch über den Kopf gestreckt.

Dann werden alle zu Elefanten: Eine Hand faßt an die Nase, der andere Arm schlüpft als Rüssel durch die Armbeuge und schlenkert hin und her (vor dem Singen ausprobieren!).

103 Donauschifferl

Auf der Do-nau fährt ein Schif-ferl, auf der
Do-nau ist es schön. Und das Schif-ferl heißt
.... und die (der) .... kann sich drehn.

Alle halten sich an den Händen und gehen im Kreis.
Das genannte Kind oder der Erwachsene dreht sich um, so daß es/er mit dem Gesicht nach außen sieht, und geht weiter mit. Nacheinander werden alle Mitspieler benannt – zum Schluß drehen sich alle wieder nach innen.

Dieses Lied ist wirklich sehr einfach, aber gerade bei den Kleinsten ungeheuer beliebt!

104 Wir wollen tanzen

Wi – de – wi – de – wit, wir wol-len tan-zen.
Wi – de – wi – de – wit, und das geht so:
das ist ein-mal (der rechte Fuß tippt im Kreis auf)
das ist zwei-mal (der linke Fuß tippt im Kreis auf)
das ist drei-mal (das rechte Knie berührt den Boden)

das	ist	vier - mal	(das linke Knie berührt den Boden)
das	ist	fünf - mal	(der rechte Ellenbogen berührt den Boden)
das	ist	sechs-mal	(der linke Ellenbogen berührt den Boden)
das	ist	sieben-mal	(die Stirn berührt den Boden)

Zu Anfang an den Händen halten und im Kreis laufen, bei der Wiederholung in der Gegenrichtung.

In jeder Strophe kommt die nächsthöhere Zahl dazu, man beginnt also immer wieder mit «einmal».

105 Karussellfahrt

Auf der grü-nen Wie-se steht ein Ka-rus-sell.

Manch-mal fährt es lang-sam, manch-mal fährt es schnell.

Ein-stei-gen, fest-hal-ten! Tum-di-del-dum-dum,

tum-di-del-dum, das Ka-rus-sell fährt rum.

Im Kreis steht ein Kind immer zwischen zwei Erwachsenen. Bis «... fährt es schnell» laufen alle im Kreis herum. Ab «rumdideldum» laufen die Erwachsenen sehr schnell und lassen die Kinder fliegen.

106 Die Ziehharmonika

Ich ha - be ei - ne Zieh - har - mo - ni - ka,

tschin-de - ras - sa, tschin-de - ras - sa, bum bum bum.

Sie spielt uns im — mer wie — der die

al - ler - schön - sten Lie - der. Ich ha - be

1. und 2. Zeile:
Angefaßt im Kreis laufen, die «bumbumbum» mit den Füßen stampfen.
Bei der Wiederholung in die andere Richtung laufen.

3. und 4. Zeile:
Alle gehen angefaßt zur Kreismitte (bis «... immer wieder») und wieder
nach außen.

Dann wird der 1. Teil wiederholt.

107 Brüderchen, komm tanz mit mir

1. Brü - der - chen, komm tanz mit mir,

bei - de Hän - de reich ich dir. Ein - mal hin,

ein - mal her,   rund - her - um,   das   ist   nicht   schwer.

2. Mit den Händchen klapp, klapp, klapp,
   mit den Füßchen trapp, trapp, trapp!
   Einmal hin, einmal her,
   rundherum, das ist nicht schwer.

3. Mit den Köpfchen nick, nick, nick,
   mit den Fingern tick, tick, tick!
   Einmal hin, einmal her,
   rundherum, das ist nicht schwer.

108 Der Bibabutzemann

Es   tanzt   ein   Bi - ba - but - ze - mann   in

un - serm   Kreis   her - um,   vi - de - bum,   es

tanzt   ein   Bi - ba - but - ze - mann   in   un - serm Kreis her -

um.   Er   rüt - telt   sich,   er   schüt - telt   sich,   er

wirft   sein   Säck - lein   hin - ter   sich.   Es   tanzt   ein   Bi - ba -

but – ze – mann in un – serm Kreis her – um.

Ein Butzemann (oder alle) hält die Hände zur Zipfelmütze über dem
Kopf und tanzt herum.

109 Rucki Zucki

A

1. Ruk – ki   zuk – ki,   ruk – ki   zuk – ki,
2.– 9. Ruk – ki   zuk – ki,   ruk – ki   zuk – ki,
10. Ruk – ki   zuk – ki,   ruk – ki   zuk – ki,

1. ruk – ki   zuk – ki,   jetzt   fängt   das   Ruk – ki – zuk – ki
2.– 9. ruk – ki   zuk – ki,   und dann fängt's von   vor – ne
10. ruk – ki   zuk – ki,   und dann   ist   das   Ruk – ki – zuk – ki

B

an: erst kommt das   rech – te Bein her – ein,   und dann
an: dann kommt das   linke Bein
an: dann kommt der   rechte Arm   zeigen in die Kreis-
an: dann kommt der   linke Arm
an: dann kommt der   Kopf   mitte und werden
an: dann kommt der   Bauch   wieder
an: dann kommt das   Knie
an: dann kommt die   Zunge   zurückgezogen.
an: dann kommt der   Po
aus! dann kommt das   usw.

geht es wie – der raus, und dann geht es wie – der rein, und dann

97

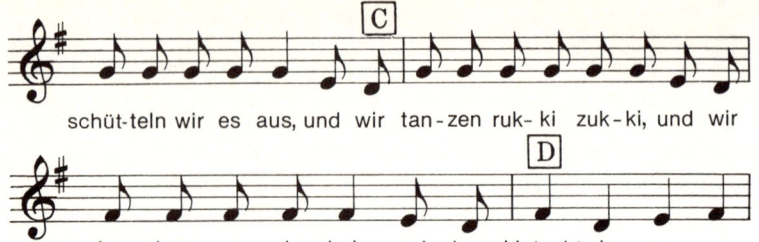

schüt-teln wir es aus, und wir tan-zen ruk-ki zuk-ki, und wir

dre – hen uns da – bei, und dann klatscht der gan – ze

In den Anfang hinein.

Saal: zwo, drei, vier, ruk – ki zuk – ki.

(A) Alle stehen im Kreis und halten sich an den Händen, während vier Takten gehen sie auf die Kreismitte zu, dann wieder nach außen.

(B) Der genannte Körperteil zeigt in die Mitte, dann wieder zurückziehen, wiederholen und schließlich ausschütteln.

(C) Jeder dreht sich einmal im Kreis um seine eigene Achse und zeigt dabei mit den Zeigefingern nach oben.

(D) Alle klatschen im Takt, bis wieder mit (A) begonnen wird.

Dieses Lied ist nicht so kompliziert, wie es aussieht. Es bringt allen Spaß, da man dabei viel Ulk machen kann.

110 Häschen in der Grube

1. Häs – chen in der Gru – be saß _ und _
2. Häs – chen, vor dem Hun – de hü – te _

schlief, saß _ und _ schlief. Ar – mes Häs – chen,
dich, hü – te _ dich! Hat gar ei – nen

bist du krank, daß du nicht mehr hüp – fen kannst?
schar-fen Zahn, packt da – mit mein Häs-chen an:

Häs-chen hüpf, Häs-chen hüpf, Häs-chen hüpf!

1. Strophe:

Ein Kind oder mehrere hocken in der Kreismitte, den Kopf zum Schlafen auf die Hände gelegt. Bei dem Text: «Häschen hüpf ...» wachen sie auf und hüpfen davon.

2. Strophe:

Die außen Stehenden heben warnend die Zeigefinger. Mit den Händen ahmen sie den Hund nach, der das Häschen zu packen droht.

111 Alle meine Entchen

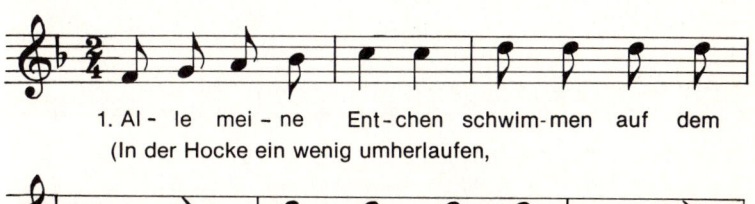

1. Al - le mei – ne Ent-chen schwim-men auf dem
(In der Hocke ein wenig umherlaufen,

See, schwim – men auf dem See,

Köpf-chen in das Was-ser, Schwänz-chen in die Höh, —
vornüber beugen und den Po in die Luft recken.)

Köpf-chen in das Was - ser, Schwänz-chen in die Höh.

2. Alle meine Täubchen
sitzen auf dem Dach   *(mit den Händen ein Dach bilden)*
Klipp, klapp, klipp, klapp,

klipp, klapp,   *(klatschen)*
fliegen übers Dach.   *(mit ausgebreiteten Armen flattern)*

3. Alle meine Püppchen,
   Ännchen und Marie,
   schlafen in dem Bettchen   *(Arme verschränken und hin- und*
   bis ich wecke sie.   *herwiegen)*

4. Hätt ich einen Pfennig,
   ach, wie wär ich froh!   *(klatschen)*
   Kauft mir eine Zuckerstange,
   hüpft und tanzte so!   *(herumtanzen)*

112 Der Cowboy Bill

1. Ich kenne einen Cowboy, der
   Und so reitet der Cowboy, der

Cow-boy, der heißt Bill, und wenn der Cow-boy
Cow-boy reitet so, und so reitet der

rei-tet, dann steht das Herz ihm still.
Cow-boy, der Cow-boy reitet so.

Während des ganzen Liedes verkehrt herum auf einem Stuhl (als Pferd)
sitzen, die Lehne zwischen den Beinen und reiten.

2. Ich kenne einen Cowboy ...

   Und so schießt der Cowboy ... *(mit einem ausgestreckten Zeigefinger in
   die Luft schießen)*

3. Ich kenne einen Cowboy ...

   Und so geht sein Lasso ... *(einen Arm auf der Seite schwingen)*

4. Ich kenne einen Cowboy ...

   Und so grüßt der Cowboy ... *(die Hand zum Kopf führen, als zöge man
   den Hut)*

5. Ich kenne einen Cowboy ...
   Und so trinkt der Cowboy ... *(die offene Faust als Glas zum Mund führen)*
6. Ich kenne einen Cowboy ...
   Und so schläft der Cowboy ... *(den Kopf auf die Stuhllehne legen)*

Will man besonders lang und kompliziert spielen, so beginnt man immer mit der ersten Strophe und hängt jeweils eine neue daran – bis alle eingeschlafen sind.

113 Ein Entchen ging spazieren

1. Ein Ent - chen ging spa - zie - ren, nat, nat, nat. Es ging und ging und kam in ei - ne gro - ße Stadt. Nat, nat, nat, nat, nat, nat, Ent - chen in der gro - ßen Stadt, nat, nat, nat, nat, nat, nat, Ent - chen in der Stadt.

2. Ein Auto kam gefahren, tut, tut, tut.
   Das Entchen flattert ängstlich, es war ihm gar nicht gut.
   Nat, nat, nat...

3. Es kam an einen hohen Turm, so hoch.
   Da dachte es: wie kann ich hinaufklettern bloß?
   Nat, nat nat...

4. Es kam an einen Bach, so breit, so breit.
   Da war der Weg nach Haus ihm gar nimmer weit.
   Nat, nat, nat...

114 Der versteckte Talar

Ta - ler, Ta - ler, du mußt_ wan - dern von der ei - nen Hand zur an - dern. Oh, wie herr - lich, oh, wie schön! Kei - ner kann den Ta - ler sehn.

Alle stehen im Kreis und singen und haben die Hände auf dem Rücken.
Ein Kind ist in der Mitte. Ein Taler (z. B. Schokoladentaler) wandert von
Kind zu Kind, alle tun so, als hätten sie den Taler. Wenn das Lied zu Ende
ist, muß das Kind in der Mitte raten: Wer hat den Taler? Dann bekommt
es ihn!

115 Wir öffnen jetzt das Taubenhaus

Wir öff - nen jetzt das Tau - ben-haus. Die Täub-chen, sie flie - gen froh hin - aus. Sie

flie - gen ü - bers wei - te Feld, wo's un - sern Täub-chen

wohl ge - fällt. Und keh - ren sie heim zur gu - ten Ruh, so

schlie - ßen wir wie - der das Tau - ben - haus zu.

Gruh, gruh, gruh, gruh, gruh, gruh, gruh, gruh.

Die Erwachsenen bilden einen engen geschlossenen Kreis um die in der
Mitte hockenden Kinder und fassen sich an den Händen. Sie öffnen das
Taubenhaus, indem sie auseinandergehen und einen größeren Kreis bil-
den. Durch die Lücken fliegen die Tauben hinaus – und wieder hinein.
Das Taubenhaus wird wieder eng und klein, die Tauben gurren.

116 Alle Leut gehn jetzt nach Haus

Al - le Leut, al - le Leut, gehn jetzt nach Haus!

Gro - ße Leut, klei - ne Leut, dik - ke Leut, dün - ne Leut.

Al - le Leut, al - le Leut, gehn jetzt nach Haus.

Kapitel 5

Malen und Matschen

Allerlei Batz

117 **Sand + Wasser = Batz** Das hingebungsvolle Graben, Bauen, Formen und Matschen im Sandkasten läßt sich aus keinem Kinderleben wegdenken. Auf manches Spielzeug können Kinder gut verzichten, Sand und Wasser aber brauchen sie. Trockenen Sand durch die Finger rieseln zu lassen, mit nassem Sand zu kneten und zu formen, mit bloßen Füßen durch weichen, kühlen Schlamm zu quatschen – das bereitet Kindern wie Erwachsenen Wohlbehagen.

Es gibt kaum ein Material, mit dem schon das einjährige Kind genauso spielt wie noch das zehnjährige. Im Sand können Kinder alleine spielen und auch mehrere gemeinsam. Viele Spiele lassen sich im Sand verwirklichen: Lange wird «nur» geschaufelt und geschüttet, gegraben, gematscht und gerührt, geklopft und gebohrt. Dann liegt die Schaufel zufällig über einer Mulde.

«Schau, Mama, eine Brücke!»

Ein Auto fährt darüber, den Sandberg hinauf.

«Wir müssen dem Auto aber eine Straße bauen, damit es besser fahren kann.»

Bald entsteht eine ganze Landschaft mit Hügeln und Tälern, Straßen und Tunneln, Bäumen und Büschen. Eimer, Schaufel, Sieb und Kuchenförmchen reichen längst nicht mehr aus. Sie beschränken das Sandspiel höchst einfallslos aufs Kuchenbacken. Für ihre vielen Ideen brauchen Kinder mehr Zutaten: Stöckchen, Steinchen und Brettchen, Dosen und Schachteln, Figuren und Fahrzeuge aller Art, alte Löffel, kleine Töpfe, Teller und Pfannen. Besonders attraktiv sind ein Wasser- oder Sandrad und eine kleine Wasserpumpe. Voraussetzung für phantasievolles Sandspiel ist ein ausreichend großer und tiefer Sandkasten. Sandkästen auf öffentlichen Spielplätzen sind zwar in der Regel groß, oft aber in einem desolaten Zustand. Statt Sand befindet sich oft nur Kies darin, mit dem Kinder nicht bauen können; oder aber der Sand ist so alt und verdreckt, daß vor allem Eltern mit kleinen Kindern Angst vor Infektionen haben müssen.

Haben Eltern die Möglichkeit, im Garten einen Sandkasten einzurichten, so lohnt sich diese Investition. Die in Kaufhäusern angebotenen Plastikkästen sind sehr ärgerlich; sie sind nicht ausreichend groß und tief, um sinnvoll darin spielen zu können. Am besten gräbt man sich selbst eine Sandmulde in den Rasen. Ideal dafür ist ein Platz, der im Sommer im Halbschatten liegt. Die Mulde sollte etwa drei Quadratmeter groß und 50 Zentimeter tief sein. Die Mitte wird noch etwas tiefer ausgehoben und als Drainage mit Kieselsteinen oder Schotter gefüllt. Ein Stück Vlies oder eine durchlöcherte alte Plastikdecke darüber verhindern das Durchrieseln des Sandes. Nun kann die Grube mit Sand gefüllt werden.*

Ein in der Nähe des Sandkastens aufgestellter Waschbottich macht das Sandspiel zum absoluten Renner. Aus Wasser und Sand lassen sich verschiedene Breie anrühren, die ganz anders als trockener Sand verarbeitet werden können.

Und gegen die Bedenken vieler Eltern spricht: Nasser Sand ist ja nicht etwa schmutziger als der trockene. Plastikhosen und Gummistiefel erlauben zudem, den Sandkasten auch außerhalb der wenigen warmen Sommerwochen zu nutzen.

118 **Mehl + Salz + Wasser = Batz** Kinder wollen auch während der langen Wintermonate, in denen sie nicht in den Sandkasten können, batzen, kneten und mantschen. Da hilft nur, Ersatz zu schaffen! Zum Wasserplanschen gibt es die Badewanne, das Spülbecken oder die geöffnete Spülmaschinentür: Da kann ausgiebig geschüttet, umgefüllt und gemischt werden.

Als Ersatz für das Spiel mit feuchtem Sand hat sich der Salzteig bewährt: Er ist unschädlich (auch wenn Kinder davon essen), läßt sich gut aufbewahren (in einem geschlossenen Gefäß im Kühlschrank), und er läßt sich leicht von Kleidern und Möbeln entfernen. Dazu ist er billig und einfach herzustellen.

---

* Eine ausführliche Anleitung zum Bau von Sandkästen findet sich in: Schmollinger 1983 (s. Literatur-Verzeichnis)

Salzteig-Rezept

2 Teile Mehl, 1 Teil Salz, ein wenig Öl und Wasser nach Bedarf, gut durchkneten und formen.

Variation:
Zusammen mit dem Wasser flüssige Speisefarbe zufügen und den Teig damit färben.

Materialien zum Spielen mit Salzteig: Streichhölzer, Zahnstocher, Nägel, Schrauben, Kronkorken, Deckel, Schachteln, Messer, Löffel, Kinderkochtöpfe, Kindergeschirr, Spielzeugautos, Hammer, Teigrolle usw.

Die fertigen Werke kann man an der Luft trocknen lassen oder im Herd leicht backen und anschließend bemalen und lackieren.
Für die ganz Kleinen ist der Teig lange Zeit ausschließlich Spielmaterial und kein Werkstoff, aus dem Gegenstände geformt werden können. Sie fühlen und schmecken, sie heben ihn hoch, lassen ihn fallen, sie reißen, drücken und klopfen ihn. Sie drücken Nägel und Zahnstocher hinein, sie bohren mit dicken Schrauben, sie hämmern, rollen mit dem Nudelholz, sie schneiden ihn mit dem Messer oder verkleben Tannenzapfen. Sie füllen den Teig in kleine Töpfe und Teller und in Förmchen. Er wird umgefüllt und wieder neu verknetet. Ein Karton oder ein Bauklotz ist der Herd, auf dem leckere Speisen gekocht werden. Der Teig wird zur Baustelle: Kleine Laster transportieren den «Mörtel», eine Grube wird ausgehoben und gefüllt, ein Berg als Rennstrecke oder Kugelbahn modelliert.

Es dauert lange, bis die Kinder anfangen, aus dem Teig gezielt etwas zu formen und zu modellieren. Und auch dann noch formen sie, um zu spielen: Niklas hatte in einem kleinen Klumpen Teig viele Streichhölzer gesteckt. «Schau, Mama, ein Igel!» Er führte ihn auf dem Tisch hin und her. «Der Igel geht spazieren. Hoch auf den Berg hinauf, das geht aber schwer» – «Jetzt hat er Hunger. Schau her, Igel, hier ist ein kleines Schüs-

Variationen in und mit Salzteig

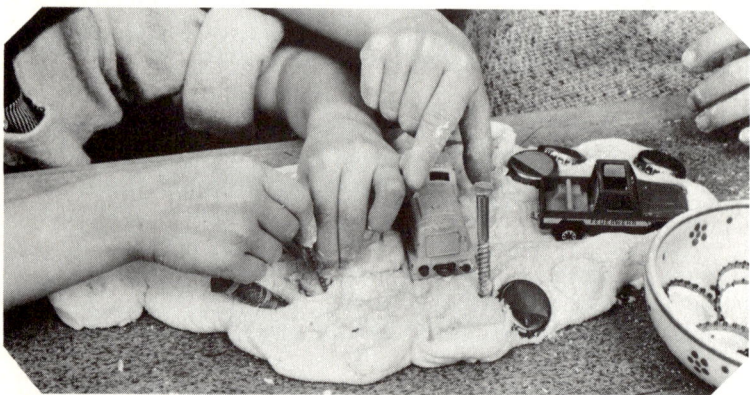

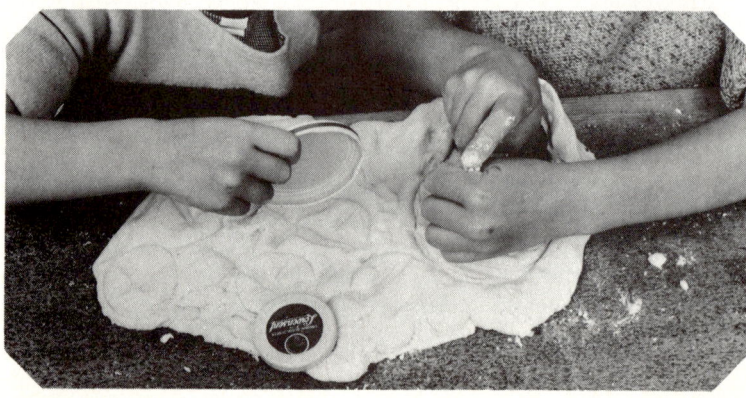

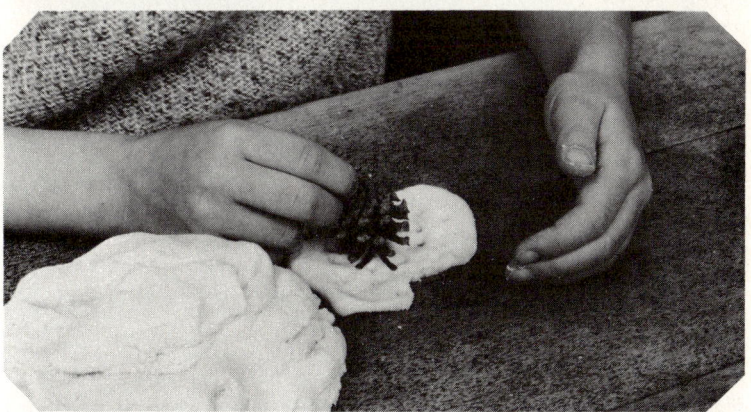

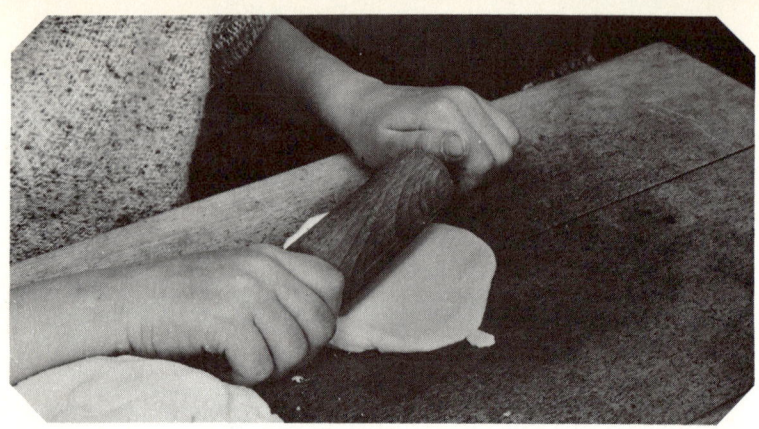

Und weitere Salzteig-Variationen

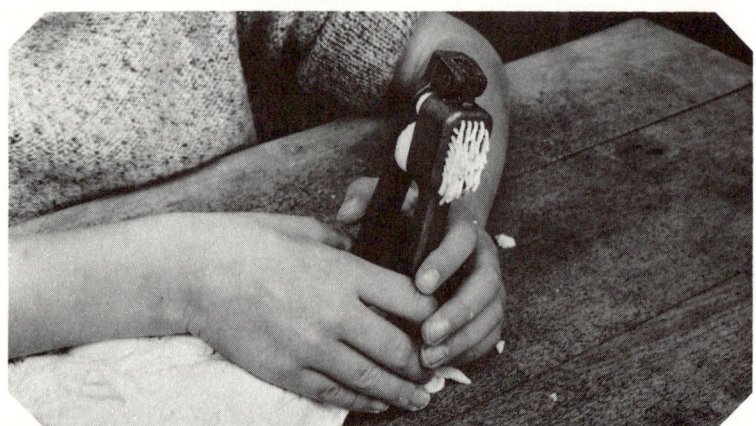

selchen mit Milch und ein Stück Apfel.» – Ich hatte beides aus Teig geformt. Der Igel kommt und frißt; dabei stößt er sich die Nase an. «Au, meine Nase tut weh! Wo ist der Tierzart?» ...

Ich hätte den Igel gerne aufbewahrt und getrocknet, doch als sein Spiel zu Ende war, zerdrückte Niklas den Igel wieder und knetete ihn unter den restlichen Teig.

Uns Erwachsenen fällt es manchmal schwer zuzusehen, wie die Kinder das Material so lange ohne eigentlichen Zweck gebrauchen. Wir wissen, welch schöne Dinge man daraus herstellen könnte, von einer einfachen Brezel angefangen bis hin zu einem kunstvollen Wandschmuck. Es kostet Überwindung, die Kinder nicht darauf hinzulenken oder sie dazu anzuhalten. Viele Kinder lassen sich leicht irritieren und entmutigen, auch wenn wir Erwachsenen nur neben ihnen sitzen und nichts von ihnen wollen. «Mach mir auch so eine Brezel. Ich kann's nicht!» Die für das Kind unerreichbare perfekte Form erscheint ihnen um so viel erstrebenswerter, daß das eigene Spiel, das eigene Können und der eigene Spaß daneben verblassen. Selbst wenn wir sie gar nicht auffordern, «So mußt du das machen», haben sie Schwierigkeiten, ihre eigenen Versuche selbständig fortzusetzen.

Natürlich will und braucht das Kind auch Anregung und Vorbild, aber nicht zu jedem Zeitpunkt und in jeder Situation. Fängt es an, etwas zu formen oder in zufällig Entstandenem etwas zu erkennen, können wir weiterhelfen, einzelne Tips geben, durch Mitmachen neue Anregungen einbringen. Die Initiative dazu sollte aber vom Kind ausgehen. Im Zweifelsfall ist es sicher besser, sich zurückzuhalten.

119 **Ton** Mit Salzteig kann allenfalls Ton konkurrieren. Er ist fester und nicht so «batzig» (was ein Vorteil sein kann). Freilich ist er teurer.

Ton läßt sich gut auch in größeren Mengen in einem verschlossenen Eimer feucht aufbewahren. Eine auf dem Fußboden ausgebreitete Plastikplane verhindert Schmutz auf dem Teppich oder Parkett. Ansonsten kann man mit Ton ähnlich verfahren wie mit Salzteig. Man braucht die gleichen Zutaten für die gleichen Spiele. Kleine Werke kann man an der Luft trocknen lassen. Haltbar aber werden sie erst durch das Brennen im Brennofen.

120 **Andere Knetmassen** Bis meine Kinder gezielt formen und modellieren konnten, habe ich in der Regel auf andere Knetmassen verzichtet. Salzteig und Ton fand ich ausreichend. Wer jedoch mit seinen Kindern andere Knetmassen ausprobieren will (es erscheinen immer wieder neuartige Angebote auf dem Markt), der achte unbedingt darauf, daß sie nicht giftig sind (Aufschrift) und daß sie sehr geschmeidig, d. h. leicht zu bearbeiten, sind (Fimo z. B. muß erst lange Zeit in der Hand gewärmt werden, bevor man es kneten kann, und ist deshalb nur für ältere Kinder geeignet). Die verschiedenen Knetmaterialien sind meist schön bunt gefärbt. Man muß allerdings bedenken, daß die Kinder sehr schnell alle Farben miteinander zu einem einzigen großen Klumpen von undefinierbarer Farbe verkneten.

121 **Pappmaché** Beginnen die Kinder zu modellieren, bietet sich Pappmaché als billiges und sehr einfach zu bearbeitendes Material an: Zeitungspapier oder Eierkartons werden in kleine Schnipsel gerissen. Sie werden mit kochendem Wasser überbrüht (zwischendurch umrühren, damit das ganze Papier gut durchfeuchtet), man gießt dieses ab und verknetet die Papiermasse mit dickem Tapetenkleister. Je länger und besser sie durchgeknetet wird, desto geschmeidiger wird sie – und läßt sich anschließend schöner verarbeiten.

Da Pappmaché nach dem Trocknen sehr leicht ist, eignet es sich gut zum Modellieren von Kasperleköpfen: Aus fingerbreitem, dünnem Karton (z. B. einer Schachtel) klebt man zuerst eine Rolle, in die der Zeigefinger bequem hineinpaßt. Diese Rolle drückt man in eine dicke Kugel aus feuchtem Pappmaché und streicht sie glatt (ein Stückchen von der Rolle sollte aber als Hals herausschauen). Nun drückt man Augenhöhlen hinein, eine lange Nase daran, Ohren – ungeduldig wird man abwarten, bis der Kopf gut durchgetrocknet ist. Bemalen, Haare ankleben, lackieren – ein Kleid, fertig.

Malen mit Fingerfarben

Ist schon das Matschen mit Pampe aus Wasser und Sand ein herrlicher Spaß, so erst recht, wenn der Teig auch noch farbig ist. Mit den ganzen Händen und mit großen Bewegungen auf Papier, Tischplatte oder dem eigenen Körper zu arbeiten, bereitet Kindern höchste Wonne. Wie schön sind da Fingerfarben.

Till wird zwei Jahre alt. Zur Feier des zweiten Geburtstages sind fünf Kinder eingeladen worden. Bald spielen alle nackt im Garten. Die Mutter des Geburtstagskindes bringt Fingerfarben: Auf einem Tablett stehen

«*Kristina malt meist auf dem
Papier, ich am liebsten nur auf
mir ... Warum wohl Mama und
Papa sich nie anmalen?*»

viele Töpfchen und Marmeladenglasdeckel mit jeweils einer kleinen Menge Farbe darin. Jeder darf sich ein Töpfchen nehmen. Zwei größere Kinder haben schon Erfahrungen mit Fingerfarben und beginnen gleich, sich den Bauch zu bemalen. Bewundernd schauen die Kleineren zu, was da geschieht. Plötzlich empörtes Geschrei: «Mama, Mama!» Ein Kind hat seine Hand auf dem Bauch eines der Kleinen abgedruckt. Aber das bemalte Kind beruhigt sich schnell wieder und beginnt nun neugierig, die Farbe auf dem Bauch weiter zu verteilen. Der Bann ist gebrochen, jetzt fangen alle anderen an, vorsichtig mit der Farbe zu experimentieren.

Ein neues Spiel beginnt, als die Mutter auf der Wiese Papier ausrollt. Jetzt können Abdrücke hergestellt werden: Viele bunte Hände, ein blauer Fuß und ein roter, aus den Fußabdrücken entstehen bizarre Blumen, Schlangenstraßen; schließlich kugeln alle Kinder über das Papier. Kinder und Papier sind bald eine undefinierbar bunte Farbe. Dann lassen die Kinder das Papier in Fetzen fliegen oder knüllen es zu Bällen. Jetzt ist klar: Das Spiel ist zu Ende. In dem großen Trubel war nicht aufgefallen, daß ein Mädchen nicht mitgemacht hatte. Es saß lange am Tisch und schaute nur zu, was die anderen trieben. Seine Mutter bot ihm ein Farbtöpfchen an – aber es schüttelte nur den Kopf.

«Möchtest du lieber einen Pinsel haben?» Die Mutter schaute es fragend an und holte einen Pinsel, tauchte ihn in die Farbe und begann, auf einem Stück Papier zu malen.

«Möchtest du weitermalen?» Sie stellte Pinsel und Farbe vor das Kind. Es dauerte noch einige Zeit, bis es vorsichtig nach dem Pinsel griff: Es tupfte Kleckse auf das Blatt, zog einen dünnen Strich, holte neue Farbe. Ein wenig Farbe war an seine Hände gekommen; das war ihm sichtlich unangenehm. Es wischte sie sich am Bauch ab. Doch nun war der Bauch buntbemalt. Hilfesuchend sah es sich nach seiner Mutter um.

«Das macht doch nichts. Nachher waschen wir das wieder ab.»

«Nein, wegmachen!»

Die Mutter wischte ihm die Farbe ab. Natürlich passierte ein solches Malheur noch öfter; aber je emsiger sich das Mädchen in seine Malerei vertiefte, desto weniger störte es sich daran. Dennoch malte es bis zum Ende der Aktion mit dem Pinsel und nicht mit den Fingern. Schließlich ließ es befriedigt von seinem Werk ab, um an der abschließenden Spritz- und Planschaktion teilzunehmen, die eigentlich der allgemeinen Säuberung, und buchstäblich von Kopf bis Fuß, diente.

Es gibt Kinder, die eine große Abneigung gegen alles Schmierige haben, sei es nun Brei, Matsche oder eben Farbe. Das kann, muß aber nicht mit übertriebener Reinlichkeitserziehung zusammenhängen. Lassen Eltern solche Kinder auf ihre eigene behutsame Weise Erfahrungen sammeln und langsam mit dem Material vertraut werden, finden sie vielleicht nach einiger Zeit doch ihren Spaß. Ihr Vertrauen in den ungewohnten Stoff wird leichter wachsen, wenn wir selbst Spaß daran haben, mit den Fingern zu malen oder unseren Bauch zu beschmieren.

Nun malen die Kinder mit Fingerfarben nicht nur nackt im Freien. Aber das Malen im Haus kann heikel und konfliktträchtig sein. Die Farbe bleibt ganz sicher nicht nur auf dem Papier: Vielleicht gefällt einem Kind die Farbe auf der Tischplatte viel besser, ganz sicher faßt es mit der bunten Hand auch einmal an die Stuhllehne. Bedenkt man dies von vornherein, erspart man sich manchen Ärger und das Kind behält den Spaß am Schmieren. Vielleicht sind Küche oder Bad groß genug, um dort zu malen? Diese Räume sind leichter sauber zu machen.

Fingerfarben sind zwar nicht giftig, sie lassen sich aber aus manchen Stoffen nicht oder nur sehr schlecht entfernen. Ein auf dem Rücken zugeknöpftes altes Herrenhemd schont die Kleidung. Verweigert ein Kind diesen Schutz, hilft es nur, alte unempfindliche Sachen anzuziehen.

122 **Mit Farben spielen** Auf einen glatten oder mit Wachstuch abgedeckten Tisch gibt man einige Kleckse Fingerfarbe: Die Finger ziehen Spuren von einem Klecks zum anderen, beide Hände klatschen auf den Tisch, in großen Schwüngen wird die Farbe verteilt, bis eine große Schmiererei entstanden ist.

Nun kann mit Abdrucken experimentiert werden. Haben die Eltern auf einem sauberen Tisch große Papierbogen bereitgelegt, drucken die Kinder die immer wieder neu eingefärbten Hände auf dem Papier ab. Verschiedene Gegenstände ergeben immer neue Muster: Deckel, Korken, Klorollen, Federn usw. Solche bedruckten Blätter sind übrigens schöne persönliche Geschenkpapiere!

Zum Schluß legt man einfach ein ganzes Blatt auf den eingefärbten Tisch – und läßt sich überraschen.

123 **Malen** Haben die Kinder schon ausgiebig mit Fingerfarben geschmiert, kann man sie zu differenzierterem Gebrauch anregen:
– Man nimmt nur zwei Farben, eine für die rechte, eine für die linke Hand (füllt man von jeder Farbe jeweils nur ein wenig in einen Deckel ab, so ist die Versuchung nicht zu groß, mit einem Griff die ganze Farbe aus dem Töpfchen zu schaufeln):
Die Fingerspitzen machen Tupfen.
Viele Tupfen hintereinander ergeben eine Schlange.
Die Tupfen kann man verbinden oder größere Flächen füllen . . .
– Mit wachsender Geschicklichkeit darf jeder Finger mit einer anderen Farbe malen. Statt Fingerfarben eignen sich für diese Maltechnik auch Wasserfarben sehr gut.

– Breite Borstenpinsel eröffnen wieder neue Möglichkeiten des Malens und Anmalens verschiedener Gegenstände.

– Ein kleiner Schwamm als Malhilfe läßt andere Strukturen entstehen.

124 Drucken Auch zum Drucken hat es sich bewährt, wenig Farbe in Deckel zu füllen, in die die Stempel hineingetaucht werden. Als Stempel dienen:

– am einfachsten Weinkorken; werden sie der Länge nach halbiert oder geviertelt, ergibt sich eine andere Stempelform.

– aufgeschnittene Kartoffeln

– besondere Stempelformen sind einfach herzustellen: man halbiert eine Kartoffel, drückt in die Schnittfläche eine Plätzchen-Ausstecherform und schneidet um sie herum die Kartoffel weg. Zieht man jetzt die Ausstecherform wieder heraus, bleibt z. B. der Stern erhaben stehen,

– verschiedene andere Gegenstände, wie Klorollen, Deckel von Sprudelflaschen usw.

Drucken kann man natürlich auf jedes Papier, aber auch z. B. auf Briefkarten. Ein einfaches, helles T-Shirt läßt sich problemlos mit Stoffarben in der gleichen Technik bedrucken. Damit dabei keine Farben auf den Rücken des T-Shirts durchschlagen, legt man innen in das Hemd ein trennendes Papier.

125 Fensterbilder Ein besonders schöner Maluntergrund ist das Fenster des Kinderzimmers. Die Sonne bringt die Farben erst richtig zum Leuchten!

Damit die Farben in den Rillen eines hölzernen Fensterrahmens nicht festhängen, klebt man einen Streifen Tesakreppband darüber. Soll das Bild einmal ausgewechselt – oder das Fenster geputzt – werden, empfiehlt es sich, die Farbe mit einer Rasierklinge abzuheben, die man flach über das Glas führt. Die abgeblätterte Farbe läßt sich dann problemlos wegsaugen.

126 Verschiedene Gegenstände bemalen Dies ist nicht schwer, doch die Wirkung ist oft verblüffend:

– Soll nicht das ganze Fenster bemalt werden, werden kleine Glasscheiben bemalt. Vor einem Fenster aufgehängt, sehen sie sehr schön aus.

Werden die scharfen Schnittkanten mit einem farbigen Tesaband gesichert, hat das Bild zugleich einen Rahmen.

Ein solches Bild bringt das Kind sicher gerne zu einem Kindergeburtstag als Geschenk mit.

Eine Fülle von Möglichkeiten ...

… mit kleinen Kindern zu spielen, wird in diesem Buch angeboten. Für ihre geistige und körperliche Entwicklung, für ihre Phantasie und Kreativität ist es unverzichtbar, daß die Kleinen in ihren ersten Lebensjahren ausgiebig Gelegenheit zum Spielen erhalten.

Wenn sie dann später mitten im «Ernst des Lebens» entdecken, daß zum Beispiel der Umgang mit Geld eine Sache ist, die Phantasie und Kreativität erfordert, wird das spielerische Tun der Kinderjahre in ungeahnter Weise Zinsen bringen.

– Große, schön geformte Steine werden bemalt und dann lackiert.
– Bemalte Saftfläschchen oder Joghurtgläser sind sehr schöne Vasen. In dem Kapitel Werkeln (S. 123) finden sich noch weitere Anregungen zum Bemalen.

127 **Kleisterbilder** Auf einem großen Bogen Packpapier (dünneres Papier feuchtet zu schnell durch und reißt) wird Tapetenkleister verteilt. Jetzt kann man ein wenig Farbpulver (Malergeschäft) darüberstreuen oder einige Kleckse Fingerfarbe daraufgeben. Mit Hilfe verschiedener Geräte werden die Farben verteilt und Muster gemacht, z. B. mit
– weitzinkigen Kämmen
– Wachsmalkreidenkratzer
– Gabeln
– Teigschaber usw.

Ist das Papier getrocknet, eignet es sich gut zum Bekleben von Dosen, als Bucheinband oder als Geschenkpapier.

128 **Spinnenbilder** Kann das Kind schon durch einen Strohhalm pusten? Auf ein Blatt gibt man ein paar Tropfen flüssiger Farbe (verdünnte Finger-, Abtön-, Wasserfarbe oder Tinte). Diese Tropfen werden mit Hilfe des Strohhalms zu Mustern «verblasen».

Dies macht allerdings gemeinsam mit mehreren erst richtig Spaß!

Natürlich läßt sich der Strohhalm schließlich auch wie ein Pinsel benutzen.

Zaubern mit Stiften

«Schau, Mama, ich hab ein Haus gemalt!» Stolz zeigt die Dreijährige ihr Bild: ein großer, etwas schiefer Kreis mit vielen kleinen Kreisen darin: «Das sind die Fenster.»

«Das gefällt mir gut. Wollen wir es aufhängen?»

Viel Platz gibt es nicht mehr an den Kinderzimmerwänden, aber es findet sich noch eine Lücke. Die Begeisterung für das Malen ist groß und entsprechend umfangreich die Produktion: Häuser, Bäume, Männchen mit großem Kopf und Strichbeinen daran, die meist auf dem Kopf stehen, viele Sonnen und Autos. Jedes Bild ist eine Kostbarkeit, die hoch geachtet werden muß. Wehe, eines fände sich im Papierkorb wieder.

Der Weg zu solchem planvollen Malen ist lang, und man kann die einzelnen Schritte gut verfolgen. Zunächst ist der Bleistift ein Zauberding:

Führt man ihn übers Papier, so hinterläßt er Spuren – hierhin, dorthin. So etwas macht Spaß, und bald kommt der Schwung mit dem Arm aus dem ganzen Körper. Oft übersteht das Papier dieses Malvergnügen nicht: Es bekommt Löcher und zerreißt. Viele Farbschichten und Krakelstriche liegen übereinander. Wichtig und befriedigend ist das Tun selbst, nicht das Ergebnis.

Je geschickter das Kind seine Bewegungen koordinieren kann, desto geordneter wird das Gekrakel: Immer wieder werden Kreise mit Schwung übereinandergelegt. Es entdeckt, wie man Punkte hervorbringt oder einzelne gerade Striche. Unzählige Blätter werden gefüllt, gleiche Bewegungen immer wieder geübt.

«Jetzt mal ich einen Drachen!» Der gerade Zweijährige hat sich einen Zettel geholt: Großes und kleines Krikelkrakel bedeckt bald das Blatt.

«Hat der Drachen auch einen Schwanz?» – «Ja, schau!» Er malt noch Kringel dazu. Auch beim besten Willen ist in dem Gemälde kein Drachen zu erkennen. Vielleicht versucht er, seinem großen Bruder nachzueifern? Oder Erwachsene haben ihn öfter gefragt: «Was malst du da?» Erste Benennungen entstehen aus zufälligen Assoziationen und nicht aus den Formen des Gemalten: Was eben noch ein Drache war, kann kurz darauf ein Baum sein.

Der Schritt zu planvollem Malen ist aber nicht mehr weit: In zufällig entstandenen Formen werden Gegenstände erkannt. Die Freude ist groß über die Entdeckung, daß ein runder Kreis aussieht wie ein Ball. Jetzt kann man immer und immer wieder Bälle aufs Papier zaubern.

Am Ende des dritten Lebensjahres können viele Kinder einfache Dinge ihrer alltäglichen Umwelt zeichnen, auch wenn sie für den Erwachsenen nicht auf Anhieb erkennbar sind.

Dies muß aber nicht so sein: Die Spanne der Entwicklungsschritte ist bei einzelnen Kindern sehr weit. Manch ein Zweijähriger bemüht sich schon mehr oder minder erfolgreich um konkrete Darstellung, und manch ein Vierjähriger beginnt überhaupt erst, sein Interesse an Stiften und Kreiden zu entdecken. Die meisten Kinder haben Phasen, in denen sie jeweils eine Tätigkeit bevorzugen und sich ausdauernd darin üben: «Norbert hat jetzt fast drei Wochen nur gehämmert oder gesägt. Ich bin dabei fast närrisch geworden. Doch dann, schlagartig, von einem Tag auf den anderen lag das Werkzeug unbeachtet in der Ecke, und das Interesse galt fortan ausschließlich Papier und Stiften aller Art. Ich bin gespannt, welche Leidenschaft als nächste an die Reihe kommt.»

«Mal'n ma?» so fragte unser kleiner eineinhalbjähriger Sohn Niklas jeden Tag. «Mama. Malen!» drückte er mir einen Stift in die Hand und schaute erwartungsvoll aufs Papier. «Was soll ich denn malen?» Der geforderte Traktor stellte mich zunächst vor einige Probleme, aber ich probierte es und bekam mit der Zeit Übung. Der Traktor wurde noch oft verlangt.

Bald wurde daraus ein richtiges Spiel: Ich zeichnete einige Gegenstände, aus denen wir ganze Geschichten entwickelten. Der Traktor fährt in die Garage: ein Haus wird um den Traktor gezeichnet; der Bauer geht ins Haus, er bekommt ein Bett gemalt und legt sich darin schlafen usw. – Auf dem Papier entstand eine ganze Landschaft. Ein Auto fährt zur (gemalten) Tankstelle, zum nächsten Haus: «Einsteigen, bitte!» Manchmal nahmen wir kleine Spielautos und Männchen dazu, die sich in der gemalten Landschaft bewegten.

Oft war mir das viele Vormalenmüssen lästig, oft machte mir mein schlechtes Gewissen zu schaffen. Schließlich sollte der Junge doch selbst malen und nicht durch Erwachsenenzeichnungen die Lust am eigenen Gekritzel verlieren. Dann aber ist mir klargeworden: Diese Malspiele hatten nichts mit Vormalen und zu viel Anleitung («So mußt du malen, so geht ein Männchen») zu tun. Da er selbst noch nicht gegenständlich malen konnte, machte er gar keinen Versuch dazu, und ich meinte nicht, ihn dazu bringen zu müssen. Wahrscheinlich erlebte er das Zeichnen ein wenig wie eine Zauberei. Oder er betrachtete meine Versuche, wie er sonst ein Bilderbuch anschaute. Jedenfalls verschwand seine Forderung «Mama, malen!» in dem Moment, in dem er selbst mehr Spaß am Malen gefunden hatte und er sich selbstvergessen seinem eigenen Krikelkrakel hingab.

129 **Geschichten malen** Auf dem Zeichenblatt entstehen während des gemeinsamen Malens kleine Geschichten. Oder das Zeichenblatt wird zu einer Landschaft, auf der sich kleine Autos und Männchen bewegen.

130 **Zaubermalen** Schon kleine Kinder können zaubern und andere damit überraschen: Mehrere Wollfäden, Blätter oder Gräser werden durch ein Blatt Papier zugedeckt und mit Hokuspokus auf das Papier gezaubert: Man fährt mit einem dicken Wachsmalkreidestift immer wieder leicht über das Papier (am besten geeignet sind Malblöcke), bis das Muster erkennbar ist.

131 **Straßengemälde** Gibt es eine verkehrsberuhigte Straße oder einen Hinterhof, wo das Kind gefahrlos spielen kann, dann kann es mit Ziegelsteinen oder Stücken von Schaumbetonsteinen (es gibt sie auf fast jeder Baustelle) sehr leicht auf Pflaster oder Steinplatten malen. Dies geht auch mit Tafelkreiden, doch werden diese dabei sehr schnell verbraucht!

Beispiel: Eine aufgemalte Slalomstrecke als Rennbahn für Dreirad- oder Bobbycarfahrer.

Was kleine Kinder alles zum Malen brauchen können!

– dicke Wachsmalkreiden (ohne Plastikhülse) oder Wachsmalblöckchen (z. B. von der Firma Stockmar)
– eventuell dicke Filzschreiber
– Tafelkreiden und Tafel
– Fingerfarben und für spezielle Zwecke auch Abtönfarben (als Naturfarben erhältlich z. B. von Biofa-Naturprodukte, Dobelstraße 22, 7325 Boll)
– Wasserfarben in großen Näpfen
– dicke Borstenpinsel, die einigen Druck vertragen
– Malsteine (Ziegelbruch oder Schaumbetonstücke)
– feste Papiere wie Packpapier, Tapetenreste, alte Musterbücher und Kartons
– aber auch Computerpapier, Makulaturpapier.
– Zur Vermeidung größeren Ärgers sind alte Hemden (hinten zugeknöpft) oder Plastikschürzen sehr willkommen
– und natürlich ein möglichst unempfindlicher Kinderzimmer- oder Küchenbodenbelag; eine ausgebreitete Malerplastikplane kann größeren Unglücken vorbeugen helfen.

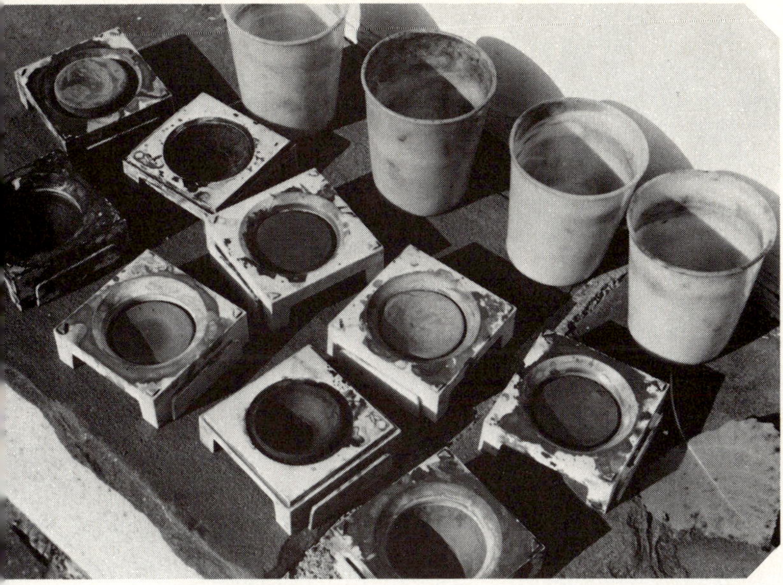

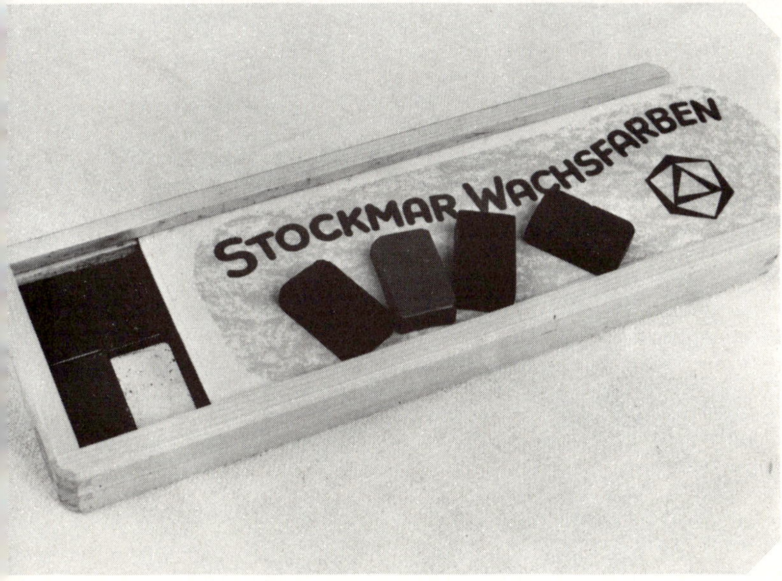
STOCKMAR WACHSFARBEN

Kapitel 6

Werkeln – oder was man mit allerlei Dingen anstellen kann

Die Mütter des Kleinkindertreffs hatten sich vorgenommen, mit den Kindern Rosinenkränzchen als Weihnachtsschmuck zu basteln. Die Kleinen spießten eifrig die Rosinen auf den Blumendraht. Ein Mädchen ließ seinen Rosinendraht über den Tisch kriechen. «Schau, eine Schlange! Mjam, mjam, die Schlange hat Hunger. – Hier, Schlange, hast du etwas zu fressen.» Ein anderes Kind fütterte die Schlange mit einer Rosine. Bald zischten vier Schlangen über den Tisch und am Tischbein hinunter. «Hier ist die Höhle für die Schlange.» Die Kinder begeisterten sich mehr und mehr für ihr Spiel. Die Rosinenkränzchen waren vergessen.

Fasziniert schauten wir zu: Schade, daß keine Kränzchen entstanden waren, aber das selbst erfundene Spiel der Kinder war viel schöner.

Werkeln ist für Kinder etwas anderes als für uns. Begeistert beginnen sie mit einer Sache, doch es ist offen, wozu ihre Phantasie durch das Material angeregt wird. Natürlich freuen sie sich, wenn sie etwas Schönes zustande gebracht haben – aber den größeren Spaß haben sie am Tun selbst, am Experimentieren mit den meist noch unbekannten Materialien, am Ausprobieren und Erforschen. Allerdings kann es auch sein, daß das Interesse sehr schnell nachläßt, die Kinder sich einer anderen Beschäftigung zuwenden und die Werkelei halbfertig liegen bleibt. Dies ist bei allen Kleinkindern dieser Altersstufe immer wieder zu beobachten.

In einem Kindertreff gibt es meist Kinder, die schon sehr viel Ausdauer und Geschick mitbringen. Sie setzen Maßstäbe für die Gruppe: «Dieses Kind kann das schon und macht seine Sache fertig. Warum mein Kind nicht?» Es ist sehr schwer, sich solchem Druck zu entziehen. Die Möglichkeit, Gleichaltrige in ihrem Verhalten und in ihren Fähigkeiten zu vergleichen, verführt dazu, das eigene Kind zu etwas zu drängen, was es vielleicht noch gar nicht kann oder was noch nicht dran ist. Es ist schwer, die entstandenen Werke der einzelnen Kinder nicht wertend zu vergleichen.

Wir möchten den Kindern gerne helfen, und die Kinder wollen und brauchen Anregungen und Tips. Doch ist es oft schwierig, den rechten Zeitpunkt und die rechte Situation dafür zu erspüren: Ein Vorschlag kann freudig aufgenommen und selbständig angewandt werden, kann aber auch entmutigen und verunsichern.

Tips zum Werkeln

– Man muß ein Material erst kennengelernt haben und mit ihm vertraut geworden sein, bevor man mit ihm zweckvoll hantieren kann. Man muß z. B. mit Klebstoff erst schmieren, ihn drücken und ertasten, bevor man ihn zum Zusammenkleben benutzt.
– Eine Werkelei ist für ein kleines Kind um so anregender und interessanter, je weniger ein bestimmtes festgelegtes Ziel angestrebt wird.
Es ist offen, wie viele Körner in ein Körnerbild gedrückt werden oder mit welchen Farben ein Blumentopf bemalt wird.
– Alles, was ein Kind schon selbst kann, sollte es auch selbst tun dürfen, auch wenn es nicht so schön wird wie von der Hand des Erwachsenen!

Für kleine Kinder sind diejenigen Werkeleien sicher am geeignetsten, die sehr viel Raum lassen zum Ausprobieren, Üben und kreativen Gestalten. Soll z. B. ein Hampelmann aus Karton gebastelt werden, so braucht man genau ausgeschnittene Gliedmaßen, richtig sitzende Löcher und präzise geknotete Fäden. Dies kann nur dann gelingen, wenn die Erwachsenen genaue Anleitungen und Korrekturen geben und im Zweifelsfall selbst fertig basteln. Zu guter Letzt muß sogar mit dem fertigen Hampelmann behutsam umgegangen werden, sonst ist er gleich kaputt. So ergibt sich aus manchen (zu schwierigen) Vorhaben selbst schon ein Zwang zu großen Eingriffen und Reglementierung.

Das Kind kommt sicher mehr zum Zug, wenn es in Kartonstücke verschiedener Größe mit einem Bürolocher nach eigenem Gutdünken Löcher stanzt. Dies allein bringt schon viel Spaß. Vielleicht hat es außerdem noch Lust, verschiedene Teile mit Büroklammern beweglich aneinander zu befestigen. Meine Tochter Annika hat auf diese Weise einmal gleichsam zufällig einen phantastisch geformten Drachen zustande gebracht, der ihr so gut gefiel, daß sie ihn auch noch nach eigenem Geschmack bemalte.

Gibt es Kinder, die am Werkeln keinen Spaß haben?

Kein Kind wird eine Tube Uhu und Papier achtlos liegen lassen (höchstens, wenn es mit etwas anderem, ebenso Interessantem beschäftigt ist). Mit Leim lassen sich Muster malen, Papiere zusammenkleben, Fäden zwischen den Fingern ziehen und vieles mehr. Manches Kind aber wird nur für kurze Zeit oder gar nicht Spaß daran haben, einen ausgeschnittenen Fisch mit bunten Papierschnipselschuppen zu bekleben.

Ich meine, es gibt keine Kinder, die keinen Spaß am Werkeln haben. Es ist eher eine Frage an uns Erwachsene, ob wir in dem scheinbar «sinnlosen» Herumkleben eine für das Kind sinnvolle und kreative Beschäftigung erkennen können. Es kommt darauf an, daß wir den Kindern solche Werkeleien anbieten, die ihnen auch entsprechen.

Was geschieht mit den Werken der Kinder?

Weil den Kindern das Tun selber oft wichtiger ist als das, was dabei herauskommt, ist es ihnen lange Zeit ziemlich gleichgültig, ob wir ihre Werke aufbewahren oder wegwerfen, wenn sie selbst nicht mehr damit spielen. Irgendwann aber werden sie ihnen wichtig. Dann ist es Zeit, ein zusätzliches Regalbrett im Kinderzimmer anzubringen, auf dem ihre Produkte aufgestellt werden können. Auch der Flur oder das Treppenhaus können damit ausgeschmückt werden. Basteleien, die uns selber gut gefallen, stellen wir gerne auf. Oft müssen aber auch solche Dinge aufbewahrt werden, die es uns nicht wert erscheinen.

Ich halte es aber für wichtig, daß wir uns in solchen Fällen mit unserem Geschmacksurteil zurückhalten und das Kind selbst über seine Dinge entscheiden lassen. Jedenfalls sollte ein noch so unbedeutend erscheinendes Werk nicht weggeworfen werden, solange es dem Kind noch wichtig ist.

Wir unterschätzen die Kinder leicht: Sie scheinen ihre Bastelei vergessen zu haben; doch irgendwann erinnern sie sich und fragen danach. Merken sie, daß wir sie hinters Licht geführt haben, ist es fatal. Ein geliebtes Werk im Papierkorb zu finden, kann zu bitteren Tränen und Vorwürfen führen.

Besonders schwierig ist es oft zuzusehen, wie ein Kind etwas wieder zerstört, was *wir* schön und gelungen fanden und gerne aufgehoben hätten.

Die schön beklebte Martinslaterne meiner großen Tochter befestigte ich deshalb am obersten Regalbrett außerhalb ihrer Reichweite, wo sie lange Zeit überlebte und oft wieder gebraucht werden konnte. Bei anderen Dingen war ich nicht so erfolgreich.

Gefährliche Instrumente: Messer, Gabel, Schere, Licht sind für kleine Kinder nicht!?

Ich habe mit unseren Kindern andere Erfahrungen gemacht. Gefährliche Gegenstände wie Messer oder Scheren üben auf Kinder eine um so größere Anziehungskraft aus, je strenger wir sie ihnen vorenthalten. Gefährlich aber sind sie nur so lange, wie die Kinder nicht sachgemäß mit ihnen umgehen können. Ich ließ meine Kinder schon sehr früh mit echtem Werkzeug hantieren: mit Hämmern, kleinen Sägen, Bohrern, aber auch spitzen Messern und Scheren. Immer wieder betasteten wir gemeinsam die Zacken der Säge und die Spitze des Messers. Ich zeigte, wie man sie benutzt, und erklärte, welche Regeln man bei ihrem Gebrauch beachten muß.

Besonders wichtig war es, immer wieder und mit aller Bestimmtheit das Hämmern auf Möbel, Türen und Fußböden zu verbieten. Gehämmert werden durfte ausschließlich auf ein Nagelbrett mit halb eingeschlagenen Nägeln. Gleiches galt für das Sägen, Schrauben und Bohren. Großen Spaß machte das Herumklopfen auf einem Schaumbetonstein, den ich im Garten bereitlegte. Die Kinder gingen sehr bald sicher und achtsam mit solchen Werkzeugen um. An ernsthafte Verletzungen kann ich mich ebensowenig erinnern wie an böse Beschädigungen.

Es gab aber auch Phasen, in denen ich Werkzeuge dieser Art stillschweigend für eine gewisse Zeit entfernte: Solche Instrumente sind zu gefährlich, als daß man mit ihnen ausprobieren könnte, ob das elterliche Wort wirklich gilt: Dieses darf ich, jenes nicht (was Kinder natürlich immer und immer wieder aufs neue herausfinden müssen).

Heftig umstritten ist die Frage, ob und wie Eltern die Kinder mit Streichhölzern hantieren lassen sollen. Freunde erzählten uns, daß ihr Dreijähriger eine lange Zeit keine liebere Beschäftigung kannte, als zu zündeln. Bei seiner Begeisterung für jede Art von Feuer mußten sie damit rechnen, daß keine Zündholzschachtel sicher genug vor ihm versteckt werden konnte. Sie lösten das Problem so, daß sie ihm im Garten eine

Zündelecke einrichteten. Auf einem untergelegten Blech durfte er Papierschnipsel verbrennen und Kerzen anzünden. Er machte eifrig Gebrauch davon, hielt sich aber an das strikte Gebot, nur auf der Blechunterlage zu zündeln. Obwohl die Eltern ihn bei dieser Aktivität dennoch gut im Auge behalten mußten, ließen sie ihn gewähren. Besorgte Nachbarn riefen wiederholt bei unseren Freunden an. So war es letztlich doch gut, daß die Zündelleidenschaft nach einer gewissen Zeit wieder erlosch. Es ist nie etwas passiert.

Klebereien

132 **Klebstoff** Er ist bei kleinen Kindern fast so beliebt wie Salzteig. Schmieren, Verstreichen, Muster machen und Kleben ist einfach schön. Darauf achten, daß er ungiftig ist!

133 **Klebebilder** Tapetenkleister kann man am besten mit den Händen oder mit einem dicken Pinsel auf dickem Packpapier oder Zeichenkarton verstreichen (anderes Papier feuchtet zu schnell durch und reißt dann). Es lohnt sich, eine größere Menge Tapetenkleister vorrätig zu haben, er wird oft gebraucht. In Schraubgläsern läßt er sich lange gut aufbewahren. Dies läßt sich auf Papier festkleben:
– bunte Papierschnipsel (meist muß der Erwachsene diese reißen, da dies für Kinder sehr schwierig ist)
– selbstgestanztes Konfetti
– Gräser, bunte Herbstblätter (streicht man nach dem Aufkleben dick mit Kleister darüber, behalten sie lange ihre schöne Färbung. Sie müssen vorher nicht gepreßt werden!)
– bunte Wollfäden
– Gewürze, Kräuter und kleine Nudeln
– Hat man Karton als Untergrund, lassen sich halbe Eierschalen in den (dick aufgetragenen) Kleber drücken. Die Eierschalen sehen schön aus, wenn sie nach dem Antrocknen noch bemalt werden.
Natürlich kann man noch ganz andere oder verschiedene Materialien kombinieren.

134 **Ein plastisches Bild** Gemeinsam kneten Eltern und Kinder einen dicken Teig aus Tapetenkleister und Sand. Man drückt ihn in flache Formen, z. B. Dosendeckel: steckt man in diese Masse verschiedene Gegenstände, so kleben sie fest:

Viele bunte Körner, Bohnen, Nudeln usw. in Kitt oder Salzteig gedrückt, lassen ein abstraktes Bild entstehen (s. Nr. 138).

– Naturmaterialien wie Muscheln, Schneckenhäuschen, Steine, Stöckchen . . .
– verschiedene kleine Deckel, wie Kronkorken, kleine Schraubdeckel aus Plastik oder Metall . . .
– alle Arten, Größen und Farben von Knöpfen.
  Wichtig: Das Bild muß lange und gut durchtrocknen.

135 **Plastik** Eine wunderschöne Plastik erhält man, wenn man Muscheln, Schnecken oder kleine Steine auf einen größeren (eventuell bunt bemalten) Stein klebt. Am besten verwendet man dazu einen schnell haftenden dikken Spezialkleber.

136 **Eine besondere Blumenvase** Eine braune Flasche oder ein Glas wird mit den Händen dick mit Klebstoff eingestrichen und anschließend in Sand gewälzt.

137 **Korkenmosaik oder Korkenuntersetzer**
Sie erfordern etwas mehr Geduld: Zunächst müssen Weinkorken mit der Brotschneidemaschine in Scheiben geschnitten werden. Für einen Untersetzer sollten sie gleich dick sein. Mit einem Alleskleber werden sie auf eine stabile Fläche (fester Karton oder Sperrholzplatte) aufgeklebt.

138 **Körnerbilder** Sie haben einen ganz eigenen Reiz und sind schon von Kleinen leicht zu machen:

Als Vorbereitung drückt man in einen kleinen Bilderrahmen oder in eine andere flache Form (z. B. Marmeladendeckel) eine dünne Schicht Fensterkitt* (1–2 mm) und streicht sie glatt. In die einzelnen Vertiefungen eines Eierkartons werden verschiedene Körner gefüllt: Gewürzkörner, Erbsen, rote und braune Linsen, weiße und rote Bohnen, Mais, Nudeln, Kaffeebohnen usw.

Die Körner werden in den Kitt eingedrückt, in dem sie haften bleiben. (Die Schicht Kitt darf nicht zu dick sein, sonst versinken die Körner!)

Möchte man, daß das Bild glänzt, übersprüht man es nach dem Trocknen (ein bis zwei Tage) mit Klarlack.

139 **Phantastische Gebilde** Es lohnt sich, wertloses Material zu sammeln: verschiedene Schachteln, Klorollen, Dosen, Eierkartons, Deckel aller Art, Garnrollen, Joghurtbecher usw.

Mit Hilfe eines schnell anziehenden Allesklebers und einer Rolle Tesakrepp-Klebeband entstehen phantastischste Gebilde, indem man sie aneinander, übereinander klebt und anmalt.

Werkeleien zum Spielen

140 **Dampferschiffahrt** Die untere Hälfte eines Eierkartons ist das Schiff, zwei Klorollen sind die Schornsteine. Nach dem Bemalen werden die Klorollen über die Nasen des Eierkartons in der Mitte geklebt, ein wenig Watte kommt als Rauch aus den Schornsteinen. Braucht das Schiff auch noch einen Kapitän? Nichts leichter als das: Ein Weinkorken bekommt einen Kronkorken oder einen aus Papier gefalteten Hut, ein Gesicht wird aufgemalt – einsteigen bitte (s. Abb. S. 131–132).

---

* Da mancher Fensterkitt sehr viel Blei zu enthalten scheint (Vorsicht mit dem Verschlucken!), empfiehlt sich für die ganz Kleinen, lieber Salzteig als Untergrund zu nehmen, dem etwas Tapetenkleister beigemischt wird.

Bei einem Kinderfest, bei dem sich dieses Spiel bewährt hat, kann man zwei oder drei solcher Dampfer um die Wette fahren lassen: An jedem Schiff wird eine 3–4 m lange Schnur festgebunden, deren Ende an einer leeren Klorolle befestigt ist. Die Schiffe starten an einer Startlinie; jedes Kind hält eine Klorolle in der Hand. «Los!» Die Schiffe fahren so schnell, wie das Kind den Faden auf die Rolle wickelt. (Das Aufrollen ist gar nicht so einfach!) Ist das Schiff am Ziel (der Faden aufgerollt), gehört die Schiffsladung (ein Bonbon) dem Kind.

141 Klorollenwalze Mehrere leere Klorollen werden bunt bemalt und der Breite nach hintereinandergebunden. Man steckt durch jede Rolle einen Schaschlikspieß und bindet die Enden mit einem Faden am nächsten Spieß fest. Ein Tropfen Uhu auf die Knoten verhindert das Abrutschen der Fäden. Nun kann man die Walze an einem langen Band mit Schlaufe hinter sich herziehen.

142 Pfeifenputzer-Spiele Mit Pfeifenputzern und Perlen kann man wunderbar spielen. Durch Biegen entstehen Schlangen, Spinnen, ein Phantasietier oder verschiedene Männchen: Sie gehen spazieren, legen sich in eine Schachtel schlafen ...

143 Kartonage Immer wieder sind größere oder auch kleinere Kartons eine große Attraktion:
    Große Kartons von Kühlschränken oder Waschmaschinen lassen sich im Elektrofachgeschäft erbitten. Gemeinsam schneidet man Türen und

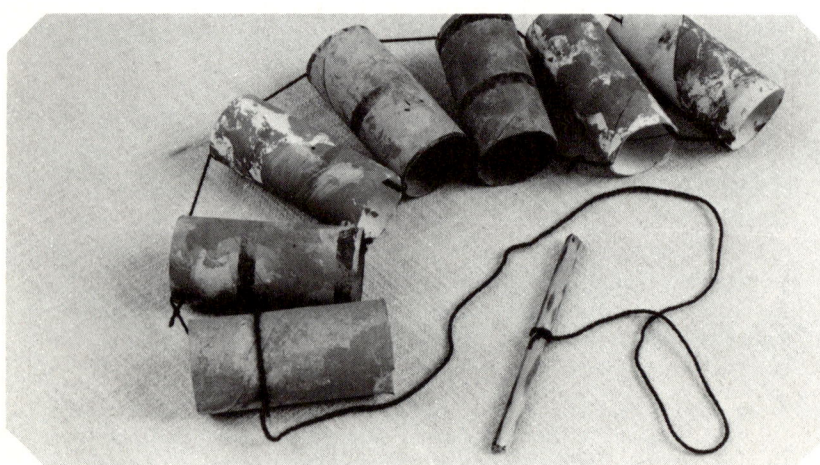

*Ist die Verwirrung erst
mal groß, kriegt man
den Dampfer nicht
mehr los!*

*Ein wirklich ernstes
Geschäft, diese Wik-
kelei: schließlich ist
auf jedem Dampfer
eine Fruchtschnitte!
(s. Nr. 140)*

Fenster hinein, dann wird das Haus angemalt, als Wohnhaus oder als Laden. Aus einem kleineren Karton wird ein Auto. Mit einem Pappteller als Lenkrad ist es perfekt – oder vielleicht lieber ein Flugzeug? Dann braucht es natürlich noch zwei Flügel. Mehrere Kartons hintereinander bilden einen Zug: «Alles einsteigen bitte, der Zug fährt in Kürze ab!»

144 **Schiffahrtsgesellschaft** Alle Wasserspiele sind schön; die Schiffe dafür kann man selber machen:
– Ein Dampfer aus Holz: Hat man die bei Holzarbeiten anfallenden Abfallstücke aufbewahrt (sonst bekommt man diese auch beim Schreiner), so braucht man nur noch eine Grundplatte in Form eines Schiffes auszusägen: Das Kind kann die verschiedenen Holzstückchen nach eigenem Gutdünken als Dampferaufbau daraufleimen (wichtig: schnelltrocknender Holzleim).

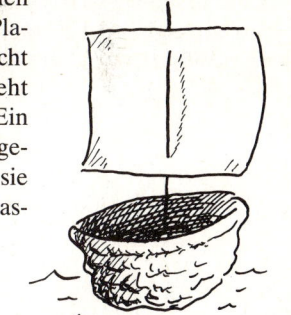

– Oder soll es lieber ein Segelschiff sein? Mehrere Bastelwäscheklammern werden der Länge nach aneinandergeklebt. In eines der kleinen Löcher in der Mitte steckt man als Mast einen Zahnstocher oder einen hölzernen Schaschlikspieß, der ein rechteckiges Stück Papier als Segel durchbohrt.
Dieses Schiff kann beim nächsten Bad durch die Badewanne gepustet werden.
– Miniatursegelschiffchen: Halbe Walnußschalen sind die Schiffchen; in sie wird ein klein wenig Plastilin (oder Kerzenwachs) hineingedrückt (nicht zu viel, sonst wird das Schiff zu schwer und geht unter) und ein Zündholz als Mast gesteckt. Ein kleines Stück Papier wird als Segel daraufgespießt. Diese Schiffchen sind so klein, daß man sie sogar in einer Schüssel mit Wasser schwimmen lassen kann.

145 **Stabpuppe einfach** Sobald Kinder sprechen können, lieben sie das Spiel mit Handpuppen (Kasperlepuppen). Allerdings können sie mit diesen noch lange Zeit nur schlecht hantieren: Ihre Hände sind zu klein und der Griff zu schwierig. Mit einer Stabpuppe haben sie diese Probleme

nicht. Um das Ende einer schmalen Holzleiste (etwa 30 cm lang) wird als Kopf ein Stück gefalteter Karton geklebt. Auf die Vorderseite wird ein Gesicht gemalt oder aus Filzresten geklebt, auf die Rückseite Wolle oder Watte als Haare. Hat man noch ein Stück Stoff um den Stab gebunden, kann das Spiel beginnen.

146 Stabpuppe mit Stabhand Die Leiste oder ein runder Stock wird in eine aus Pappmaché (s. Nr. 121) geformte Kugel als Kopf gesteckt und geleimt. Damit man am Kopf leichter arbeiten kann, steckt man den Stock in eine mit etwas Sand gefüllte Flasche; Augen, Nase und Mund aus Filzresten daraufkleben oder mit Stecknadeln feststecken, Wollhaare festkleben, ein Kopftuch oder ein Hütchen (Joghurtbecher oder Papierschüsselchen einer Gebäckschachtel o. ä.), ein Stück Stoff wird als Gewand unter den Kopf um den Stock gebunden. Seitlich in den Stoff eine Perle als Hand binden und einen dünnen Stab locker daran festmachen. In der einen Hand hält das Kind den Stab der Figur, mit der anderen führt es den Stab der Hand.

147 Indianer Mädchen wie Jungen spielen bald sehr gerne Indianer. Man muß dafür nicht gleich ein teures Indianergewand kaufen, das nach einem Jahr sowieso zu klein ist – selbstgemacht ist es viel schöner.
– Indianerkopfschmuck: Man schneidet aus Wellpappe einen etwa 8 cm breiten Streifen, etwas länger als der Umfang des Kinderkopfes. Diesen kann das Kind verzieren, bemalen oder bekleben. In die oberen Öffnungen werden eine oder mehrere Federn gesteckt. Mit einem Bürohefter (die Klammeröffnungen nach außen, da sonst immer die Haare festhängen!) läßt sich der Ring einfach schließen.

– Indianerponcho: Mit Kopfschmuck und Poncho ist der Indianer perfekt verkleidet. Aus einem alten hellen, möglichst glatten Stoff schneidet man ein Quadrat. Zwei gegenüberliegende Spitzen sollten dem Kind von Ellbogen zu Ellbogen reichen. Schnitte machen wie in der Zeichnung, dort wird er über den Kopf gezogen. Mit einem Faden, durch zwei Löcher gezogen, wird der Poncho geschlossen.

Jetzt kann das Kind den Stoff verzieren: mit Farben bemalen (Filzschreibern, Wasser- oder Fingerfarben) oder bedrucken (mit Stoffarben bemalt oder bedruckt ist der Poncho auch waschbar).

– Was wäre aber ein Indianer ohne Pferd?

Ein Steckenpferd aus Zeitungspapier und Stock: die Beschreibung klingt sehr kompliziert, doch lassen Sie sich nicht abschrecken. Beim zweiten Lesen stellen Sie fest, daß es ganz einfach ist. Zwei aufeinanderliegende geöffnete große Papierbögen (z. B. einer Tageszeitung oder Packpapier in der gleichen Größe) werden zweimal der Länge nach zu einem Streifen gefaltet; dieser wird in der Mitte zusammengelegt. Teilt man den entstandenen Streifen in drei etwa gleich große Abschnitte, so werden zwei Abschnitte von der offenen Seite her im rechten Winkel nach unten geknickt, beide Enden jeweils nach außen. Mit einem breiten Tesaband oder Teppichklebeband wird ein Stab (ein Bambusstock oder ein Laternenstab) zwischen die Enden des Streifens geklebt.

Ein halbes Zeitungsblatt wird von der Schmalseite aus dreimal gefaltet, der Streifen auf einer Seite eingeschnitten (Mähne). Die Mähne wird zwischen die Kopfstreifen geheftet und dieser damit geschlossen (Bürohefter).

Zuletzt kann man das Pferd noch anmalen. Vielleicht bekommt es auch noch einen Zügel aus einer Schnur?

– Zu einem richtigen Indianer gehören auch Trommeln.

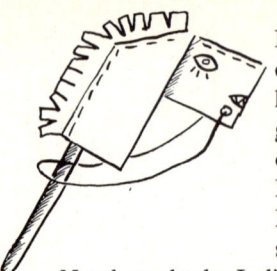

Die Kinder bemalen leere Kaffeedosen. Mit Hilfe eines Nagels klopft ein Erwachsener zwei Löcher hinein, durch die eine Schnur zum Umhängen gezogen wird. Schließt man die Dose mit dem Plastikdeckel, klingt sie schöner; außerdem lassen sich den Dosen durch Trommeln auf den Deckel oder den Boden verschiedene Klänge entlocken (vgl. auch: selbstgemachte Musikinstrumente Nr. 86–91).

– Nun braucht der Indianer nur noch Schmuck:
Was man alles zu Ketten auffädeln kann:

- in Stücke geschnittene Plastikhalme
- gebrochene Makkaronistücke
- Muscheln (in die vorher mit dem Bohrer Löcher gemacht wurden)
- Knöpfe
- und natürlich Perlen

Kleinen Kindern fällt es am leichtesten, diese Sachen auf Blumendraht aufzufädeln, da dieser steif genug ist. Sind sie schon etwas geschickter, eignet sich Paketschnur, deren Ende mit Tesafilm bzw. Uhu versteift wurde, oder aber Schnürsenkel oder Nadel und Faden.

Werkeln und Schneiden mit Papier

Beginnt das Kind, an der Schere Interesse zu zeigen, lohnt es sich, eine gute Kinderschere anzuschaffen; nur mit einer solchen hat das Kind die Chance, das Schneiden zu lernen.

– Für allererste Schneidversuche eignet sich dünner Karton am besten (z. B. Briefkarten), ebenso Plastikstrohhalme, die danach noch aufgefädelt werden können.

– Gelingen schon gezielte Schnitte? Aus einem zweimal gefalteten Briefbogen werden rundherum verschieden große Ecken herausgeschnitten: Beim Aufklappen erhält man ein schönes Deckchen für die Sonntagstafel oder den Geburtstagstisch.

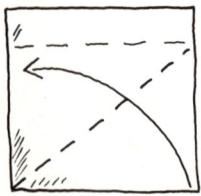

– Wählt man als Papier gefaltetes farbiges Transparentpapier, so kann man die Deckchen ans Fenster kleben (vgl. Laternen Nr. 177,185).

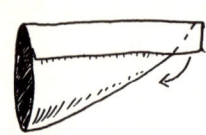

148 **Tüten** Für jedes Kaufladenspiel braucht man Tüten zum Verpacken der Ware. Oder sollen es Wundertüten für das bevorstehende Geburtstagsfest werden? Tüten lassen sich leicht herstellen: Ein rechteckiger Briefbogen wird gefaltet (siehe Zeichnung), die überstehende Lasche darumgeklebt.

149 **Stadtkulisse** Für das Spiel mit kleinen Autos ist eine selbstgemachte Stadtkulisse eine schöne Ergänzung:

Aus festem Karton (z. B. von größeren
Schachteln wie Schuhkartons, Corn
Flakes u. ä.) schneidet man mindestens
fünf Häusersilhouetten mit Fenstern und
Türen, Stadttoren, Garagen usw. Sie werden mit dickem Pinsel bunt bemalt und
anschließend auf der Vorder- und der Rückseite mit Tesaband oder Tesakrepp so zusammengeklebt, daß sie gut beweglich sind und sich problemlos in beide Richtungen falten lassen.

Nun können die Autos durch die Tore fahren, vor den Häusern parken,
Männchen steigen aus und gehen in die Häuser . . .

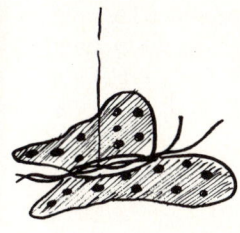

150 **Schmetterlinge** Als Vorbereitung werden aus
farbigem Tonzeichenpapier die Umrisse von Schmet-
terlingen ausgeschnitten. Diese Schmetterlinge werden verziert: Entweder man bemalt oder beklebt sie.
Nachdem sie dick mit Klebstoff eingestrichen wurden, werden bunte Papierschnipsel oder Konfetti
draufgedrückt.

Zwei farbige Pfeifenputzer in die Mitte geklebt, ergeben Körper und
Fühler des Schmetterlings.

151 **Bunte Vögel** Aus farbigem Tonzeichenpapier schneidet man die
Umrisse von Vögeln aus. Ein DIN A 4-Blatt wird auf beiden Seiten bunt
angemalt und in der Mitte längs auseinandergeschnitten. Beide Teile anschließend von der Schmalseite her wie eine Ziehharmonika auffalten
und durch die eingezeichneten Schlitze (waagrecht als Flügel, senkrecht
als Schwanz) stecken. Die geöffnete Schwanz-Ziehharmonika kann man
im oberen Teil zusammenkleben.

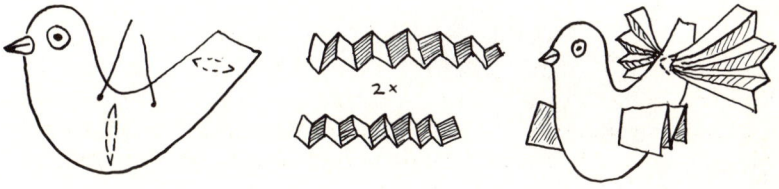

152 **Ein Feder-Vogel** Hat man bei einem Spaziergang im Wald einige Federn gefunden (man kann sie aber auch billig im Bettenfachgeschäft erhalten), können die Kinder die Grundform des Vogels mit vielen Federn bekleben.

153 **Ein plastisches Bild als Wandschmuck** Aus Karton oder Tonzeichenpapier schneidet man zunächst die Grundform einer Blume, eines Schmetterlings oder eines Baumes aus. Dann reißt man Transparentpapier in viele kleine Stücke, knüllt diese zu kleinen Bällchen, taucht sie in Leim (Tapetenkleister auf einem flachen Deckel) und klebt sie auf die Grundform. Diese Arbeit macht in einer Gruppe besonders viel Spaß!

154 Ein bunter Fisch Man kann die bunten Transparentpapierstücke natürlich auch auf eine andere Form aufkleben, z. B. als Schuppen eines Fisches.

155 Ein Kasperlemobile Malt das Kind sehr gerne etwas an? Hier ist ein Vorschlag für eine gemeinsame Arbeit von Erwachsenen und Kindern. Auf einen festeren Karton werden die Umrisse eines Kasperle in drei Teilen gezeichnet, anschließend ausgeschnitten und angemalt. Dann kann man die Teile mit einem Faden locker zusammenbinden – und den Kasperle aufhängen.

156 Luftballonmännchen Man braucht dazu möglichst große, ovale Luftballons und dünnen Karton: Das Kind stellt sich auf den Karton, beide Füße dicht nebeneinander. Die Umrisse der Füße werden abgemalt und ausgeschnitten. Auf den aufgeblasenen Luftballon werden Augen, Nase und Mund, vielleicht sogar Haare aufgemalt oder aufgeklebt. Hat er auch noch Füße bekommen (der Knoten des Luftballons wird durch einen Schlitz zwischen den Füßen gesteckt), kann er wie ein Stehaufmännchen durch die Gegend hüpfen.

Arbeiten mit richtigem Handwerkszeug

157 **Hämmern** Wahrscheinlich haben alle Kinder (nicht nur Buben) Phasen, in denen sie mit Begeisterung und Ausdauer hämmern. Ein echter Hammer (kein Kinderhammer, mit dem kann man keine Nägel einschlagen!), echte Nägel in einem echten Brett sind nicht zu ersetzen.

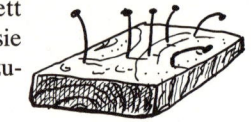

– Schlägt der Erwachsene in ein dickes Stück Brett oder Vierkantholz ein paar Nägel so weit ein, daß sie halten, kann das Kind versuchen, sie weiter einzuschlagen.

– Ist das Hämmern nicht mehr aktuell, kann daraus ein Kunstobjekt werden: Bunte Bänder, Gummis und Schnüre werden um die Nägel gespannt, so daß ein buntes Geflecht entsteht.

– Oder soll aus dem Nagelbrett ein Musikinstrument werden? Es klingt lustig, fährt man mit einem langen Nagel an den halb eingeschlagenen Nägeln entlang.

Spannt man Gummis sehr straff zwischen den Nägeln, gibt es beim Zupfen verschiedene Töne.

– Bilden die halb eingeschlagenen Nägel einen Kreis, kann man an ihnen eine Murmel entlangrollen lassen, indem man das Brett bewegt.

158 **Schrauben** Die Bewegung des Schraubens ist für Kinder gar nicht so einfach. Bohrt ein Erwachsener aber in ein dickes Brett einige Löcher gut vor, so gelingt es dem Kind bald, eine kurze, dicke Schraube mit einem echten Schraubenzieher hinein- und wieder herauszudrehen.

159 **Sägen** Spannt man ein Brett (z. B. ein Stück Profilholz) in einen Schraubstock, so kann das Kind problemlos daran zu sägen üben (mit einem Fuchsschwanz oder einer kleinen Metallsäge). Wahrscheinlich wird es ihm aber lange nicht gelingen, das Holz durchzusägen.

Dieses Erfolgserlebnis hat es eher, wenn man dicke Pappe oder Preßpappe (wie sie vielfach für die Rückwände der Möbel verwendet wird) einspannt. Das Werkstück muß aber in jedem Fall eingespannt werden, denn festhalten *und* sägen zugleich ist zu schwierig.

Gar nicht so einfach, mit richtigem Werkzeug umzugehen!

Aber schön ist, was dabei herauskommt: ein Schiff aus eigener Werkstatt!

Werkeleien, die sich an Jahreszeiten und große Feste anlehnen

Ostern

160 **Bunte Ostertöpfe** Die Kinder malen Blumentöpfe an, mit Fingerfarbe (nach dem Trocknen lackieren, sonst verwischt das Gießwasser die Farben) oder Plaka- bzw. Abtönfarben.

Dann füllen sie ihren Topf mit Erde und säen Ostergras (= Hafersamen). Dieser wächst in ein bis zwei Wochen so hoch, daß man Ostereier darin verstecken kann.

Noch dekorativer wird der Topf, wenn man auf Schaschlikspieße gesteckte, angemalte Eier oder Watteeier hineinsteckt!

161 **Bunte Ostereier** Für kleine Kinder ist das vorsichtige Halten ausgeblasener Eier sehr schwierig. Will es noch nicht gelingen, kann man auf Watteeier aus dem Bastelgeschäft ausweichen.

Zum Bemalen eignen sich Finger- oder Wasserfarben besonders gut, aber auch dicke Filzschreiber.

Eine bewährte Hilfe zum Bemalen ausgeblasener Eier (nicht nur für kleine Kinder!): Man spießt auf einen hölzernen Schaschlikspieß eine von einem Weinkorken abgeschnittene Scheibe, darauf das Ei und hält es mit einer zweiten Korkenscheibe fest. Zum Trocknen wird das Ei mit dem Spieß in einen Becher gestellt.

162 **Eierbatik** Kann das Kind schon mit einer brennenden Kerze hantieren? Ein ausgeblasenes Ei wird mit dem Wachs einer brennenden weißen Kerze betropft. Dann wird das Ei in ein Färbebad gelegt.

(Im ersten Arbeitsgang in eine helle Farbe, z. B. gelb oder orange, die sich von anderen Farben überdecken läßt); die betropften Stellen bleiben weiß. Anschließend wird wieder getropft. Das Wachs deckt jetzt an den neu betropften Stellen die Farbe des ersten Bades ab. Im nächsten, etwas dunkleren Färbebad werden die noch freien Stellen überfärbt usw. (Besonders schön sehen Pflanzenfarben aus – in Naturläden erhältlich –, aber es geht auch mit den gängigen Eierfarben.) Zum Schluß wird das Wachs vorsichtig abgekratzt oder abgeschmolzen. Gebatikte Eier sehen durch

die eigenwilligen Tropfspuren und aparten Farbmischungen besonders
schön aus!

163 **Eier bekleben** Dafür eignet sich besonders kleingerissenes buntes
Transparentpapier. Mit viel Tapetenkleister auf das Ei geklebt, ist es sogar recht haltbar!

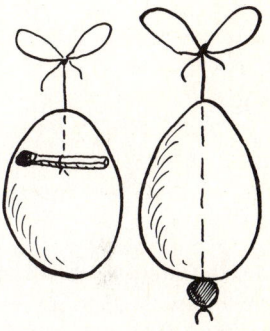

Man kann die Eier aber auch mit viel Leim
einschmieren und dann in Konfetti wälzen
oder in verschiedenen Körnern und Gewürzen –, ein aparter Anblick.

Es gibt verschiedene Techniken, ausgeblasene Eier aufzuhängen, hier die zwei wichtigsten:

– Der Faden zum Aufhängen wird um ein
Stück Streichholz gebunden und dieses in die
obere Öffnung des Eies gesteckt. Das Holz
verkantet sich im Ei, der Faden hält.

– Oder man führt den Faden mit einer langen Nadel oder einem Draht durch das Ei und verknotet ihn darunter mit
einer Perle, so daß er sich nicht mehr durchziehen läßt.

164 **Eierkranz** Will man nicht alle Eier an
einen Osterstrauß hängen, kann man sie auch zu
einem Kranz auffädeln:

Drei oder fünf bunte Eier werden im Wechsel
mit mehreren bunten Perlen auf Blumendraht
gefädelt, dieser wird zum Kranz geschlossen.

165 **Papiereier** Wenn das Bemalen von echten Eiern noch zu schwierig
ist, können die Kinder auch aus Tonzeichenpapier ausgeschnittene Eier
bemalen oder bekleben (Konfetti, Buntpapier). Auch diese Eier machen
sich am Osterstrauß sehr schön.

166 **Kätzchenring** Noch etwas sehr Hübsches für
den Osterstrauß. Man schneidet aus Karton einen
Ring aus (6–8 cm Durchmesser, etwa 1,5 cm breit).
Der Ring wird angemalt oder mit grünem Kreppapier
umwickelt. Jetzt kann er mit Weidenkätzchen beklebt und aufgehängt werden.

167 Ostergebäck Mit größeren Kindern kann man aus einfachem Lebkuchenteig kleine Gebäckstücke für den Strauß herstellen: kleine Körbchen, aus zwei Teigwürsten gedrehte Kränze, Osterhasen usw. Stanzt man vor dem Backen mit Hilfe eines Strohhalmes ein Loch in das Gebäck, läßt er sich später leicht aufhängen.

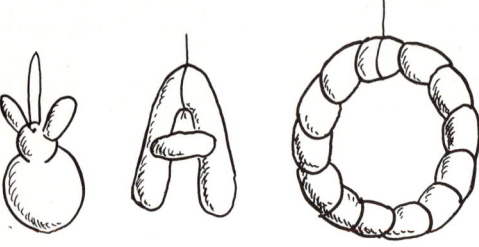

168 Osterkörbchen Kann ein Kind schon gezielt ausschneiden, macht es ihm vielleicht Spaß, mehrere Tonzeichenpapier-Eier auszuschneiden (die man aber sicherlich vormalen muß) und um eine leere Käseschachtel herumzukleben. Ein wenig Ostergras hinein – vielleicht finden sich zu Ostern einige Eier darin?

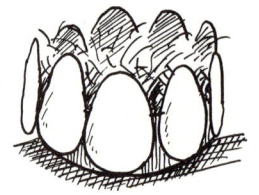

Frühling und Sommer

169 Wachsen sehen In ein Marmeladenglas stopft man Baumwollwatte, so daß das Glas etwa zu dreiviertel gefüllt ist, und gießt Wasser darauf. Zwischen Glas und Watte steckt man eine Feuerbohne nicht zu tief unter den Rand der Watte, so daß man sie gut sehen und beobachten kann. (Es empfiehlt sich, vorsichtshalber ein zweites Glas zu bepflanzen, falls die Bohne nichts werden sollte.) Wie schnell sie wächst! Ist sie groß genug, wird sie in einen Blumentopf umgepflanzt und auf den Balkon gestellt oder gleich in den Garten gepflanzt. Vielleicht kann man sogar ein paar Bohnen ernten.

170 **Wachsen sehen und essen** Ein Blumentopf wird mit einem Baumwollstrumpf
überzogen, sehr naß gemacht und umgekehrt
auf einen Teller mit Wasser gestellt. Der
Strumpf wird mit Kressesamen bestrichen.
Bald kann man die kleinen Pflanzen von Tag
zu Tag wachsen sehen.

Besonders lustig sieht der Blumentopf aus,
wenn man einen Kopf aus ihm macht: drei
aufgenähte Knöpfe bilden das Gesicht, das
bald von grünen Haaren umrankt wird.

171 **Blumen pflegen** Die Eltern gießen die Zimmerpflanzen, das Kind
will dies auch. Es bekommt eine eigene Pflanze vom Gärtner – oder man
gräbt einfach gemeinsam ein Gänseblümchen oder ein Veilchen aus und
pflanzt es in einen (selbst bemalten) Blumentopf.

172 **Blumenketten** Eine Kette oder ein
Haarkranz aus Gänseblümchen oder Lö-
wenzahn ist zwar nicht von langer Dauer,
aber wunderschön. Kleinere Kinder fädeln
die Blumen mit der Nadel auf einen Faden
oder auf Blumendraht, größere schaffen es
auch ohne: Der Stengel einer Blume wird

mit dem Fingernagel ein Stückchen weit aufgeschlitzt und eine zweite
Blume hindurchgesteckt. Mit deren Stengel wird genauso verfahren.

Herbst

173 **Herbstliche Ketten** Aus Kastanien, Eicheln und Eichelhütchen
lassen sich schöne Ketten herstellen. Zum Auffädeln müssen sie aber vorher sorgfältig durchbohrt werden. Bastelschnur, ein dicker Perlonfaden,
eignet sich besonders gut.

174 **Ein kleiner Zoo** Größere Kinder lassen aus Kastanien, Eicheln,
Federn, Ahornsamen, Streichhölzern, Schaschlikspießen, Schnüren und
Leim einen ganzen Zoo entstehen: eine Schlange, eine Raupe mit vielen
Beinen, Vögel, Giraffe, Pferd, Löwe, Phantasietiere und natürlich Wär-

Vogel und Schlange aus Kastanien, Eicheln und Federn.

ter und Besucher. Mit Hilfe von ein paar Schachteln entstehen Käfige, Zäune und Hecken.

175 **Blätterbilder** Während eines Spaziergangs werden die schönsten bunten Blätter gesammelt. Klebt man sie mit viel Tapetenkleister (unter wie auch über den Blättern) auf festen Karton, halten sie gut, auch ohne daß man sie erst gepreßt hat. Sie behalten zudem lange ihre Färbung. Sehen manche Blätter nicht aus wie Tiere?

176 **Kleine Gestecke** Auf einem herbstlichen Spaziergang finden sich viele trockene Blumen und Gräser, die man mit nach Hause nehmen kann. In eine flache Dose, einen niedrigen Blumentopf oder in ein kleines Körbchen drückt man etwas Ton, Plastilin, Salzteig oder ein Stück Steckschwamm. Jetzt können die Kinder hineinstecken, was ihnen gefällt.

177 **Martinslaternen** Natürlich kann man Martinslaternen kaufen, aber schon ein Zweijähriger wird eine selbstgemachte Laterne mit großem Stolz vor sich her tragen! Zwischen Boden und Deckel einer runden Käseschachtel wird ein Streifen Pergamentpapier geklebt.

Dieses Papier kann verschieden verziert werden.

In den oberen Rand der Käseschachtel wird ein Drahtbügel gebohrt oder eine Kette aus ineinandergehängten Büroklammern. Dann fehlen nur noch der Stock zum Tragen und die Kerze auf dem Boden der Lampe.

– Diese Technik beherrschen schon die Kleinsten: Zunächst wird buntes Transparentpapier in viele kleine Stücke gerissen. Der zugeschnittene Bogen Pergamentpapier wird an den Ecken mit Tesafilm leicht am Tisch festgeklebt, damit er sich nicht einrollt oder wegrutscht.

Jetzt kann mit Tapetenkleister geschmiert werden, viele bunte Papierstücke bleiben haften.

Viele Papierstücke und viel Kleister machen das Pergamentpapier steif. Nach dem Trocknen kann man den Bogen bügeln, falls er zu wellig geworden ist; – um die Käseschachtel herumkleben und auf der Seite schließen – fertig. Nun fehlt nur noch das Teelicht, das in die Mitte des Bodens geklebt wird.

– Größere Kinder schneiden vielleicht lieber kleine Deckchen oder Sterne aus dem Transparentpapier aus und kleben sie auf!

– Das weiße Transparentpapier läßt sich sehr schön mit Wachsmalkreiden bemalen. Wenn man anschließend mit Wasserfarben darübergeht, nimmt das Papier nur dort Farbe an, wo nicht mit Kreide gemalt wurde.

– Man kann auch Gräser und gepreßte Blätter auf das weiße Pergamentpapier kleben. Dann empfiehlt es sich, diese noch mit einer durchsichtigen Folie zu überkleben, damit sie nicht zu schnell abbröckeln.

– Hübsch sehen auch Laternen aus, die nur mit farbigem Siegelwachs beträufelt wurden.

– Nach dem Prinzip der Eierbatik lassen sich auch Laternen verzieren: Weißes Kerzenwachs wird auf das Pergamentpapier getropft, dann mit einer hellen Farbe darübergemalt, wieder getropft und wieder gemalt ... Das Wachs läßt sich zum Schluß leicht ablösen.

– Und noch eine Laterne, die schon sehr Kleine zustande bringen: Ein entsprechend zugeschnittenes Stück Metallfolie aus dem Bastelladen wird auf eine weiche Decke gelegt. Mit Hilfe eines dicken Nagels sticht man viele Löcher hinein – je mehr, desto schöner leuchtet die Laterne später.

Wenn die Laternen fertig sind, müssen sie natürlich ausprobiert werden.

Winter und Weihnachten

178 Schneemänner Nicht viele Kinder haben das Glück, aus Schnee Schneemänner bauen zu können. Hier ist ein kleiner Ersatz:
– Man schneidet aus schwarzem Tonzeichenpapier die Umrisse eines Schneemanns aus. Diesen wird man dick mit Leim bestreichen. Werden jetzt Kokosflocken darübergestreut, ist der Schneemann weiß geworden.
– Man kann ihn aber auch mit weißer Watte bekleben. Bunte Papierstückchen geben Augen, Nase und Hut.
– Oder der Schneemann wird aus vielen kleinen Bällchen aus geknüllten Butterbrotpapierstückchen geklebt.

179 **Adventsgesteck** Die Kinder machen sich ihr eigenes Adventslicht: In einen flachen Tontopf gibt man eine Handvoll Salzteig, Ton oder Plastilin. Darin steckt man zuerst eine längere Kerze fest, um sie herum dann Tannengrün, Strohblumen, Zapfen ...

180 **Adventsglocke** Zuerst muß man einen umgedrehten kleinen Blumentopf bemalen (mit Finger-, Plaka- oder Abtönfarbe). Nach dem Lackieren wird eine größere Holzperle oder eine Holzkugel so hineingebunden, daß sie zur Hälfte aus dem Topf herausschaut. Ein eingeknotetes Streichholz hindert den Faden am Durchschlüpfen.

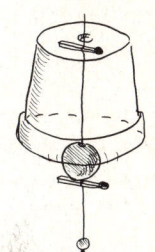

181 **Wachsanhänger** Ein Joghurtbecher wird mit kaltem Wasser gefüllt. Nun tropft man Wachs verschiedener bunter und weißer Kerzen hinein. Die Tropfen erstarren auf der Wasseroberfläche, verbinden sich aber noch miteinander zu einer bunt schimmernden, leicht durchsichtigen Platte, mit einer erhitzten Nadel bohrt man zum Schluß ein Loch hindurch, damit man die Platte auch aufhängen kann (sehr schön sieht sie am Fenster aus!).

182 **Duftmandarinen** Die Kinder stecken in eine Mandarine viele ganze Gewürznelken. Das sieht hübsch aus und duftet so richtig weihnachtlich.

183 **Weihnachtslicht** Man braucht dazu eine dicke Kerze und Verzierwachs aus dem Bastelladen. Es gibt dieses Wachs entweder in dünnen Platten als Farbsortiment oder einzeln in dicken Blöckchen. Jeder verziert seine Kerze nach seinen Vorstellungen.

184 **Schnipselbild** Von den Basteleien der Großen waren viele Folienschnipsel übriggeblieben. Eines der Kinder nahm schwarzes Tonzeichenpapier, strich es mit Leim ein und klebte die Schnipsel darauf. Gefaltet wie ein Transparent und hinter eine Kerze gestellt, reflektierten die Schnipsel das Kerzenlicht besonders schön.

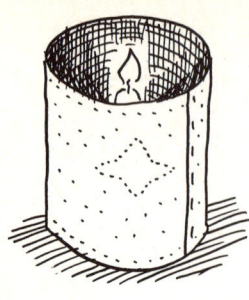

185 **Adventslaterne** Ein rechteckiges Stück Metallfolie (Mindestmaße 20 × 35 cm) legt man auf einen Tisch, auf dem zuvor eine dicke Wolldecke ausgebreitet wurde. Mit dicken und dünnen Nägeln stößt man Löcher hinein – die Kleineren wie es gerade kommt, die Größeren lochen vielleicht ein Muster oder ein Bild. Mit einem Bürohefter läßt sich der Streifen leicht schließen. Über eine niedrige Kerze gestellt, gibt die Laterne ein schönes Licht (vgl. auch Martinslaternen).

186 **Christbaumschmuck** Aus festem farbigem Karton werden Sterne, Herzen und Kränze in verschiedenen Größen ausgeschnitten. Diese kann man auf beiden Seiten bekleben z. B. mit

       – Folienschnipseln
       – Körnern und Gewürzen
       – Lamettastücken

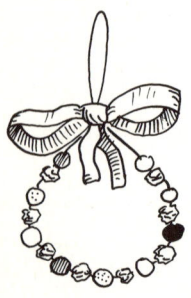

187 **Rosinenkränzchen** Man fädelt große Rosinen (eventuell auch im Wechsel mit bunten Perlen) auf einen Blumendraht und schließt diesen zu einem kleinen Kranz. Aus rotem Geschenkband werden eine Schleife und ein Aufhänger darangebunden.

188 **Folienkette** Aus verschiedenfarbiger Papierfolie werden Streifen zugeschnitten (etwa 1,5 × 15 cm). Die Kinder schließen die Streifen zu Ringen, mit Klebestift geht es am leichtesten. Diese miteinander verbinden muß wohl ein Erwachsener.

189 **Bunte Kette** Eine andere Kette, die auch Kleine ganz alleine machen können: Viele Stückchen Folie, in Stücke geschnittene Strohhalme und kleine Perlen werden aufgefädelt. Um die Folie zu durchbohren, braucht das Kind allerdings eine spitze Nadel – oder vorgelochtes Papier. Vielleicht schafft es schon, eine bestimmte Reihenfolge einzuhalten, z. B. Folie, Strohhalm, Perle, Strohhalm, Folie ...

190 Hexenhäuschen aus Lebkuchen

In vielen Familien gehört das Verzieren eines Hexenhäuschens traditionell in die Advents- und Weihnachtszeit. Schon die Kleinen sind mit Begeisterung dabei und können es ohne Mühe. Man kann fertige Papphäuschen kaufen, schöner aber sind selbstgebackkene. Es gibt dazu Kuchenformen in Form eines Hauses. Man kann die einzelnen Hausteile aber auch sehr einfach aus Lebkuchenteig backen:

Lebkuchenteig
500 g flüssiger Honig
300–400 g Zucker oder Farinzucker (gesünder: 500 g Rübenkraut)
2 Teelöffel Zimt
½ Teelöffel gemahlene Nelken
3 Eier
1000 g Mehl (gesünder ist Weizenschrot)
2 Backpulver
Zuckerguß: sehr steifer Eischnee, von einem Eiweiß schlagen und mit 250 g Puderzucker verrühren

Aus den Zutaten wird ein fester Teig geknetet und nicht zu dünn ausgerollt. Die drei Schablonenteile des Hauses, die man zuvor aus Papier ausgeschnitten hat, legt man auf den Teig und schneidet mit einem spitzen Messer um sie herum. Aus der Stirnseite werden zusätzlich Fenster und eine Tür geschnitten. Die schmalen Teigstreifen für das Fensterkreuz legt

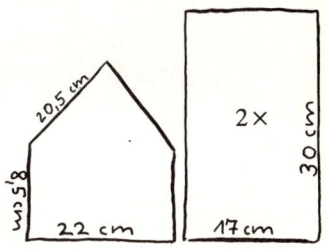

man erst vor dem Backen auf die entsprechenden Stellen. Alle drei Teile werden bei Mittelhitze braun gebacken (etwa 25–30 Minuten).

Schließlich klebt man sie mit dickem Zuckerguß zusammen und auf einem Brett oder Tablett fest. Sollen die Fenster farbig leuchten, wird mit Zuckerguß ein wenig Transparentpapier dahintergeklebt. Das fertige Haus kann mit einem Teelicht erleuchtet werden. Jetzt kann das Verzieren beginnen. Wichtig ist, daß der Zuckerguß sehr dick ist, sonst haften die Kekse, Lebkuchen und Spekulatius schlecht. Es empfiehlt sich, mit dem Verzieren jeweils unten zu beginnen, dann rutscht nichts ab.

*Wenn der
Sohni . . .*

*. . . dem ollen
Vater . . .*

*. . . eine Maske
malt.*

Und wenn man zuerst jemand anderen anmalen darf, traut man sich eher, sich auch selbst zu schminken.

Fasching

Viele kleine Kinder haben eine Scheu davor, sich zu schminken, sich zu verkleiden oder gar eine Maske aufzusetzen. Die Veränderungen an sich und anderen zu erleben, ist ihnen unheimlich. Da hilft kein gutes Zureden; man muß sie in Ruhe lassen und abwarten.

191 **Schminken** Wenn Kinder sich nicht selbst schminken, reizt es sie aber vielleicht, einen Erwachsenen zu schminken.

Auf jeden Fall brauchen die Kinder zum Schminken einen großen Spiegel, in dem sie sich gut sehen können.

192 **Lustige Hüte** Aus Zeitungspapier oder Tapetenresten lassen sich schöne Hüte falten. Die Kinder bemalen sie und bekleben sie mit Kreppapierbändern und Luftschlangen.

Dieser Helm ist die einfachste Variante. Geschickte Kinder können ihn schon bald selbst falten.

153

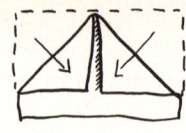
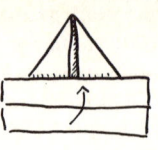
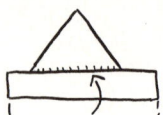
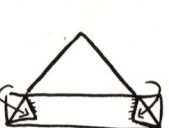

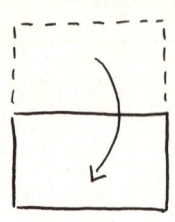

(Abb. zu 192, s. Vorseite)

Fasching

193 **Tellermaske** In einen weißen Pappteller werden zwei Augenlöcher geschnitten, ein kurzer Stock mit Tesakrepp dahintergeklebt – fertig. Jetzt muß die Maske nur noch verziert werden: bemalen oder mit Kreppapier und Luftschlangen bekleben.

(Nimmt man die Rückseite des Tellers als Vorderseite, läßt es sich besser malen und kleben, da sie nicht so glatt ist!)

Mit dieser Maske spielen selbst die Kleinsten gern. Nicht mehr benutzte Masken sind übrigens eine schöne Dekoration im Kinderzimmer.

Anstelle eines Papptellers kann man auch eine runde Scheibe Tonzeichenpapier oder Fotokarton nehmen (Durchmesser etwa 15 cm). Man schneidet ihn bis zur Mitte ein und klebt die Schnittkanten ein Stück weit übereinander, so daß eine flache Tüte entsteht. So hat die Nase gut Platz dahinter. Nachdem die Augenlöcher geschnitten wurden, kann verziert werden (siehe oben).

Oder man nimmt ein rechteckiges Stück Papier oder Karton und schneidet Augen- und Nasenöffnungen heraus.

Sollen die Masken aufgesetzt werden, heftet man ein Stück Fadengummi (das Ende zu einer Schlaufe legen, dann rutscht es nicht so leicht heraus) mit einem Bürohefter an den Seiten fest.

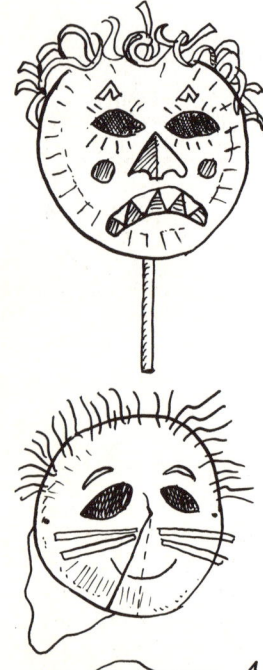

194 **Tütenmasken** Masken, in die man mit dem ganzen Kopf hineinschlüpft, wagen nur ältere Kinder anzuziehen. Eine große Papiertüte wird über den Kopf gestülpt – Augenlöcher ausschneiden und verzieren.

Hat man große Papiersäcke zur Verfügung, kann das Kind ganz in sie hineinschlüpfen; die Arme kommen aus geschnittenen Löchern heraus.

195 **Kartonmasken** Ein Karton wird über den Kopf gestülpt und – damit er besser sitzt – an den Schultern ein wenig ausgeschnitten.

196 **Luftballonmasken** Ein großer, runder Luftballon wird aufgepustet. In mehreren Schichten klebt man Zeitungspapier mit viel Tapetenkleister darum. (Die Seite, auf der der Luftballon aufgeblasen wird, nicht zukleben; hier bleibt die Öffnung zum Hineinschlüpfen des Kopfes.) Die Maske bekommt gleich noch eine Nase (z. B. einen Joghurtbecher oder einen Zeitungsball). Ist die Schicht Zeitungspapier gut getrocknet, läßt man den Luftballon platzen und zieht ihn heraus. Die Halsöffnung wird passend geschnitten, ebenso die Augenlöcher, dann kann bemalt und verziert werden.

Kapitel 7

Bücher erleben

Der zweieinhalbjährige Jochen sitzt auf dem Schoß seines Vaters. Sie schauen gemeinsam ein Bilderbuch an. «Da ist der Hund, der bellt. Schau, so macht der.» Der Kleine rutscht vom Schoß, läßt sich auf alle Viere nieder «Wau, wau, wau. – Ich will noch mal den Hund anschauen», sagt er und klettert wieder auf den Schoß. «Schau, Hund, hier hast du was zum Fressen.» Er hält die geöffnete Hand vor die Hundeschnauze.

Kleine Kinder schauen Kinderbücher nicht nur an. Sie erleben sie und leben mit ihnen. Die Bilder sind lebendig, sie sind ihre Spiel- und Gesprächspartner, mit denen sie fühlen und handeln: Das verletzte Kind auf dem Bild wird getröstet, das grimmig blickende Krokodil weggescheucht (und schnell umgeblättert). Willi Waschbär, dessen Mutter nicht die gewünschten Lutscher kauft, wird immer wieder ermahnt: «Nein, Willi Waschbär, die sind nicht gut für dich. Die kriegst du nicht!» Diesen Konflikt mit der Mutter hat das Kind auch schon gehabt. Bei jedem Anschauen arbeitet es in ihm. Immer wieder müssen die Bilder angeschaut werden, die gleichen Fragen gestellt, die gleichen Antworten gegeben werden. Geschichten sind für kleine Kinder oft schon Muster, auf die sie sich in ihrem Alltag beziehen. Ich beobachtete die Tochter einer Freundin, wie sie im Kaufhaus vor einem Korb mit großen bunten Lutschern stand. Immer wieder sagte sie vor sich hin: «Nein, Willi Waschbär kriegt euch nicht.» Schließlich stiefelte sie, wenn auch schweren Herzens, hinter der Mutter her, ohne einen genommen zu haben.

Je näher die Geschichten am Erleben des Kindes sind, desto eher können sie ihm helfen, eigene Erlebnisse zu verstehen und zu verarbeiten.

*Spannend ist das
Buch von Max, der
König der wilden
Kerle wurde!*

*Jeder will Max, der
wilde Kerl, sein, sie
stampfen und hüpfen
und stampfen ...*

Umgang mit Büchern

Erste Bilderbücher enthalten in der Regel keinen Text; deshalb müssen die Bilder erklärt und die gemalten Gegenstände benannt werden. Bald wird das nicht mehr genügen; dann müssen die Bilder lebendig werden: Der Omnibus kommt angefahren: «Brumm! Alles einsteigen, bitte! Wer will noch mitfahren? Achtung, es geht los. Brumm, brumm!» Auf diese Weise können aus einfachen Bildern lange Geschichten werden.

Bilderbücher können zu kleinen Basteleien anregen. Schaut man die «Kleine Raupe Nimmersatt» an, dann bietet sich an, eine solche Raupe aus vielen runden Scheiben Tonzeichenpapier zusammenzukleben; zwei Strohhalmstückchen sind die Fühler, Beinchen werden daran gemalt oder draufgeklebt.

Das freie Erzählen bleibt wichtig, auch wenn das Buch zu den Bildern einen Text enthält. Ist er gut und knapp, läßt er sich leicht vorlesen. Freies Erzählen hat aber im Vergleich dazu den Vorteil, daß man sich ganz auf das Kind einstellen kann. Man kann ausschmücken und erweitern, wenn das Kind besonders fasziniert ist, und sich kurz fassen bei dem, was nicht interessiert. Man kann das Interesse entfachen, indem man besonders spannend erzählt. An dem Anschauen der Bilder entlang entwickeln sich so viele spannende Gespräche.

Oder man löst sich von den Bildern und beginnt einzelne Szenen aus einem Buch oder die ganze Geschichte zu spielen. Sind mehrere Kinder zu Besuch, wollen sie alle als wilde Kerle den kleinen Max auf seiner Traumreise mit großem Geheul und Juhu in ihrem Land empfangen! (M. Sendak: «Wo die wilden Kerle wohnen»)

Über die Frage, welche Bücher sich für welches Lesealter eignen, gibt es viele Meinungen. Ich glaube nicht, daß es dafür absolute Maßstäbe geben kann (und soll), welche Bücher ein Kind bekommen sollte, welche für ein Kind passend und förderlich sind und welche ungeeignet. Es wird später einmal nicht deshalb einen schlechten Geschmack, was immer man darunter verstehen mag, bekommen, weil es als Kind einige kitschige Bilderbücher besessen und vielleicht sogar besonders gern gehabt hat. Und es wird durch den Umgang mit künstlerisch herausragenden Büchern nicht automatisch einen sicheren und guten Geschmack entwickeln.

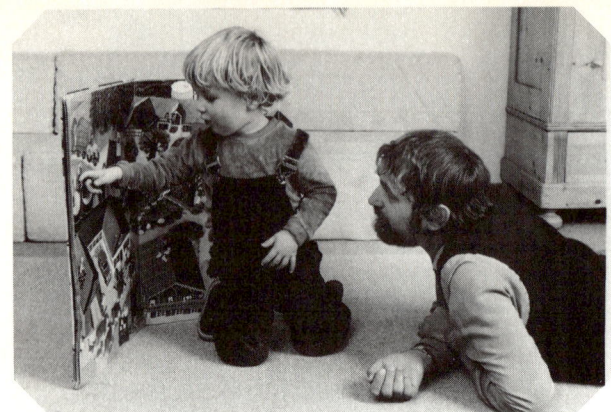

*«Ist ein Bilder-
buch richtig
groß . . .*

*so kann man
sich in die Bil-
der hinein-
leben . . .*

*. . . gelle,
Papa?»*

Welche Bücher soll man kaufen?*

Kinder haben schon früh deutliche Vorlieben, die uns wichtige Hinweise für unsere Wahl geben. Viele mögen Bilder mit vielen kleinen Details, die zu immer neuen Entdeckungen anregen (z. B. die Bücher von Ali Mitgutsch: «Rundherum in unserer Stadt», «Komm mit ans Wasser»). Andere werden durch solche Bilder eher verwirrt, sie ziehen große und klare Illustrationen vor. Viele Kinder geben sich lange mit «Erzählbildern» zufrieden. Andere suchen schon bald nach mehr Handlung, nach Geschichten, die sich durch das ganze Buch ziehen. In bestimmten Entwicklungsabschnitten bevorzugen Kinder bestimmte Themen, z. B. Autos, Baumaschinen, Tiere, Puppen usw.

Die auf manchen Büchern angegebenen Altersangaben sind nur eine grobe Orientierung. Für den speziell interessierten Dreijährigen kann schon ein Sachbuch richtig sein, für den anderen ein eher einfaches Bilderbuch.

In einer Buchhandlung entdeckte unser damals eindreivierteljähriger Sohn Niklas einmal ein Bilderbuch, das man an einem Griff wie eine Tasche tragen konnte. Ich hätte es sicher nicht ausgesucht, denn es gefiel mir nicht besonders. Er ließ es sich aber nicht ausreden. Also nahmen wir es mit. Dieses Bilderbuch wurde für einige Wochen sein liebster Gefährte. Anfangs hatte ihn zunächst wohl nur der Griff fasziniert; das Buch war für ihn so eine Art Handtasche. Bald interessierten ihn jedoch auch die Bilder, und er forderte mich immer öfter zum gemeinsamen Anschauen auf. Wenn Kinder wählen können, wählen sie richtig – für sich selbst!

---

* Folgende Institutionen geben Informationen über Kinderbücher heraus:
Das Deutsche Jugendschriftenwerk e. V. (Adresse s. Anhang) bringt jährlich mehrere Empfehlungsverzeichnisse heraus:

○ «Von 3–8, Neue Bilderbücher, Spiele, Elternbücher, vom Deutschen Jugendschriftenwerk e. V. ausgewählt und empfohlen»
Es enthält im wesentlichen Neuerscheinungen. Sie werden jeweils durch eine kurze Inhaltsangabe, Altersempfehlung und Benennung des inhaltlichen Schwerpunktes vorgestellt.

○ «Das Buch der Jugend, Bilderbücher, Kinderbücher, Jugendbücher, Sachbücher, Taschenbücher»
Es enthält viele bewährte Titel wie auch Neuerscheinungen und erscheint jedes Jahr neu.

○ «Deutscher Jugendliteraturpreis», mit Auswahllisten der beiden vorangegangenen Jahre
Dieser Prospekt enthält neben der Vorstellung der prämierten Bücher der letzten drei Jahre auch all die Bücher, die in die engere Wahl kamen.
Die Stiftung Lesen (Adresse s. Anhang) bringt Buchempfehlungslisten zu Fernsehsendungen heraus. Auch in diesen Heften sind die ausgewählten Bücher kurz besprochen und mit Lesetips versehen.

Hartmut von Hentig

Ein paar Ratschläge für den Umgang mit Kinderbüchern

«Wir sollten überhaupt wahrnehmen, wie viele Funktionen ein Buch erfüllt, wie viele Stadien es durchläuft:

es ist ein Gegenstand, aus dem man z. B. ein Haus oder einen Tunnel bauen kann;

es hält Dinge oder Tätigkeiten fest, die man sich zeigen, anderen zeigen, benennen, verbinden kann;

es vermittelt zwischen mir und dem anderen;

es spricht mit mir, ist ein Freund, tröstet, macht traurig, läßt vergessen;

es gibt Auskunft, leitet an, prüft und bestätigt;

es ordnet, teilt ein, differenziert (es gibt Könige und Arme; es gibt Könige, die unglücklich sind, und Arme, die zufrieden leben; es gibt Starke, die dumm sind, und Schwache, die schlau sind; es gibt Goldmarie und Pechmarie; es gibt Pinocchio und Pippi, Klaus Störtebeker und David Copperfield);

es bietet mir Rollen an, Rollenwechsel, Rollenerweiterung, Rollendurchbrechung, Befreiung: ich kann Max sein bei den wilden Kerlen oder König Hänschen; ich kann Held sein und in meinem Helden fertigbringen, nicht zu weinen oder endlich weinen zu dürfen – durch ihn;

es erlaubt die Schwierigkeiten, die ich in mir habe, hinauszuverlegen und in der Vorstellung zu lösen;

es lenkt ab, unterhält und vergnügt;

es zieht mich in Fragen und Deutungen hinein, in Kritik und Widerspruch;

es kann das Mittel sein, durch das Erwachsene mich loszuwerden versuchen;

es kann das Mittel sein, durch das ich sie loswerde;

es kann die Geheimwelt bedeuten, die mich mit dem Freund verbindet;

es kann gleichgültig sein, gemessen an all dem anderen, das in mir und um mich vor sich geht ...»

(Hartmut von Hentig, 1972)

Allerdings finde ich es – trotz dieses Beispiels – wichtig, daß auch wir Erwachsenen einen Zugang zu den Büchern der Kinder haben. Wenn uns ein Buch gefällt, werden wir es in besonderer Weise erzählen, werden wir öfter von uns aus nach ihm greifen – und das Kind wird eher Interesse an ihm entwickeln. Was ein Buch einem Kind bedeutet, hängt oft mehr davon ab, wie die Erwachsenen es ihm nahebringen als vom Buch selbst.

Kapitel 8

Spielzeug

Ich brauchte ein Geburtstagsgeschenk für mein zweijähriges Patenkind. Im großen Spielwarenladen ist eine Fülle bunter Gegenstände aufgebaut. Ich ging an den Regalen entlang und versuchte, mich zu orientieren: Rechts sind Puppen, Geschirr, Kochherde, Kleider, Puppenhäuser, Puppenwagen, Wickeltische, Wiegen eingeordnet. Auf der linken Seite stehen Autos, Bagger, Züge, Bauklötze, eine Eisenbahnanlage, Kaufläden, Zubehörteile, Kassen, Bälle, Pfeil und Bogen, Wurfspiele – typisches Spielzeug für Jungen? Geradeaus große Kisten mit Figuren, ganzen Städten, Zirkus, Safari usw., ein Extraregal mit unendlich vielen Plüschtieren und Puzzles.

«Kann ich Ihnen helfen?» fragte mich freundlich eine Verkäuferin. «Ich suche ein Spielzeug für ein zweijähriges Kind.» – «Ein Mädchen oder ein Junge?» Ist dies so wichtig? Ich denke, richtiger würde die Frage lauten: Womit spielt das Kind gerade besonders gern? In welcher Art spielt es? «Es ist ein Mädchen, aber ich glaube, sie tobt gerade sehr gerne!» Was sage ich da – ist Toben kein mädchengerechtes Verhalten? Die Verkäuferin schaute an den Regalen für Mädchen entlang: Da ist nichts dabei, was zum körperlichen Spielen auffordern würde. «Vielleicht ist bei den Spielsachen für Jungen etwas dabei», meinte ich. Bälle hat sie schon. Ein Wurfspiel ist wahrscheinlich noch zu schwierig für sie. «Vielleicht finden Sie in der Sportabteilung etwas für das Kind», wimmelte mich schließlich resigniert die Verkäuferin ab. Ich erstand dort schließlich eine Schaukel mit Ringen, die im Türstock befestigt werden kann. Daran hängen und schaukeln, das muß meinem Patenkind sicher Spaß machen, und das kann sie auch ohne Hilfe.

Eine Zeitlang streifte ich noch durch die verschiedenen Abteilungen des Geschäftes. Es gab manche Dinge, die mir gefielen, aber auch viel Häßliches: Tiere, Puppen, Bilder auf Spielen, viel abstoßendes Plastikspielzeug. Ich war sicher, meine kleinere Tochter würde manches davon sehr schön finden!

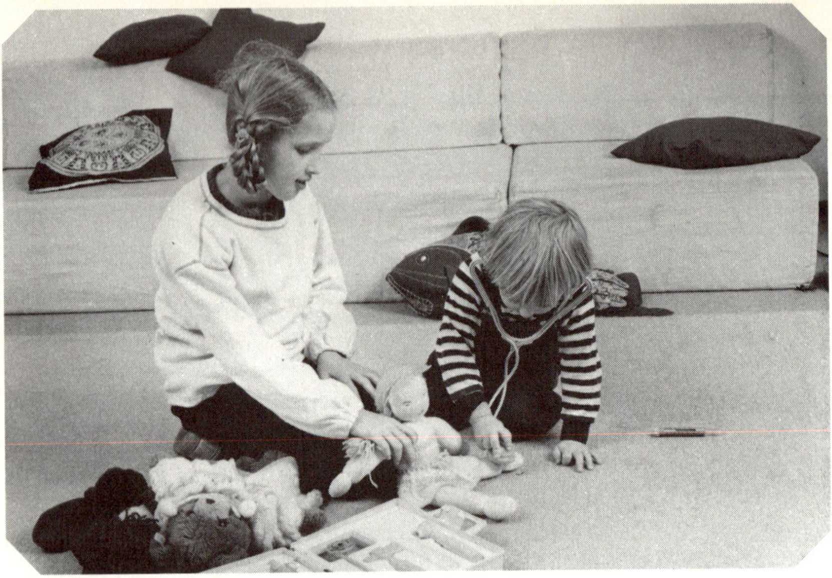

*Besuche
beim Arzt
sind unange-
nehm, aber
nicht . . .*

*wenn man
sie spielen
kann:
«Stimmt der
Kniereflex
bei Ihrem
Kind?»*

Wieviele Pflaster man braucht . . .

. . . um der Puppe richtig gut zu tun! «Heile, heile Segen.»

Auf einigen Gegenständen klebte die Plakette «Spielgut», die vom «Arbeitsausschuß für gutes Spielzeug» herausgegebene Auszeichnung. Diese Gegenstände sind meist wirklich schön, aber teuer! Wer kann sich denn eine Holzeisenbahn für über 200 DM leisten? Mir fiel auch auf, wieviel Spielzeug meine Kinder nicht haben – dabei besitzen sie doch wirklich viel. Hätte ich ihnen von diesem oder jenem doch mehr anbieten sollen? Habe ich etwas versäumt? «Hiermit lernt Ihr Kind ... pädagogisch wertvoll», empfehlen sich manche Packungen.

Ich beobachtete eine Mutter mit ihrem etwa fünfjährigen Jungen. «Mama, das Förderband brauche ich aber unbedingt.» – «Das kann schon sein, ich kann dir das aber nicht kaufen». – «Ach, bitte, das ist doch nicht so teuer.» – «Aber für mich ist es zu teuer, und außerdem gibt es jetzt wirklich keinen Anlaß.» Ich beneidete die Mutter nicht und ebensowenig ihr Kind. Wie soll man keinen Appetit bekommen, wenn man durch ein Schlaraffenland geht! Ich war froh, keines meiner Kinder dabeizuhaben! Ich sah, wie die Frau schließlich nach einigem Hin und Her und ein paar Tränen einen kleinen Schlumpf kaufte. Halbwegs getröstet verließ der Junge mit seiner Mutter den Laden.

Ein Spielwarenladen ist in der Regel weder kinder- noch erwachsenenfreundlich! Der Spielwarenmarkt hat einen solchen Umfang angenommen, daß Orientierung für den Nichtfachmann unmöglich ist. Selbstverständlich arbeiten die Hersteller nach Markt-Prinzipien: Je besser ein Gegenstand angepriesen und dem potentiellen Käufer als notwendige Anschaffung nahegelegt wird, desto eher wird dieser zugreifen. Die von der Werbung eingesetzten Argumente sollen in erster Linie zugkräftig sein, deshalb werden auch pädagogische aufgegriffen, und es wird versprochen: Förderung der manuellen Geschicklichkeit, Schulung des logischen Denkens, Übung besseren Sozialverhaltens usw. Die Unsicherheit vieler Eltern im Umgang mit ihren Kindern ist Grundlage dieser Werbestrategie.

Der Markt selbst gibt den Eltern keine Hilfestellung, welches Spielzeug ein Kind braucht und in welcher Ausführung es am sinnvollsten ist. Deshalb hat sich der «Arbeitsausschuß für gutes Spielzeug»* die Beratung der Eltern bei der Auswahl zur Aufgabe gestellt. Jährlich vergibt er an Spielwaren, die seinen Kriterien entsprechen, die Prämienplakette «Spielgut». Allerdings benutzen nicht alle Hersteller diese Auszeichnung zu Werbezwecken, so daß manche ausgezeichneten Gegenstände nicht als solche erkennbar sind. Vom Ausschuß kann man sich aber ein Buch kommen lassen, in dem die inzwischen etwa 1500 ausgezeichneten Titel, nach

* Arbeitsausschuß Kinderspiel und Spielzeug e. V. (Adresse s. Anhang)

der Art der Spiele gegliedert (z. B. Fahrzeuge, Konstruktionsspiele usw.), aufgeführt sind, mit Herstelleradressen und Preisangaben. Auf diese Empfehlungen kann man sich sicherlich verlassen, doch helfen sie nur begrenzt weiter: In den Geschäften findet sich nur ein Bruchteil des ausgezeichneten Spielzeugs, und nicht alle Läden sind bereit, auf Wunsch zu bestellen. Außerdem bleibt den Eltern die entscheidende Frage: Was ist sinnvoll und nötig für mein Kind. Spielte z. B. unsere älteste Tochter über Jahre hinweg begeistert mit einem Schaukelpferd, so blieb dieses bei unserer Zweiten meist unbeachtet in der Ecke stehen.

Gesichtspunkte für die Auswahl von Spielzeug

1. Kinder zeigen uns in ihrem Spiel, womit sie gerade gerne spielen. Dies kann uns Hinweise geben, was wir kaufen können. In der Zeit, in der sie ihren Spaß am Hantieren mit kleinen Teilchen entdecken und begeistert Muster aus Nudelstückchen legen, haben sie vielleicht Spaß an einem Steckspiel oder am Perlenauffädeln. Aber sie brauchen kein gekauftes Spielzeug. Für ihre Spiellust können durchaus im Haushalt vorhandene Kleinigkeiten wie Nudeln, verschiedene Körner, Erbsen usw. ausreichend sein (vgl. Kap. 3).

2. Für Spielzeug gibt es kein «Zu früh» oder «Zu spät», wohl aber Spielzeug mit einseitigem, begrenztem Spielwert. Besonders gutes Spielzeug zeichnet sich dadurch aus, daß es auf vielfältige Weise gebraucht werden kann. Kinder benutzen z. B. ein Spieltelefon auf ihre jeweils altersgemäße Weise: Das einjährige Kind zieht am Hörer und klingelt mit der Wählscheibe; das zweijährige spricht in den Hörer und versucht dabei, die Eltern nachzuahmen; das fünfjährige ruft mit seiner Hilfe den Arzt zu seiner kranken Puppe. Kinder wissen mit allen Dingen, die ihnen begegnen, etwas anzufangen, wenn sie ihnen interessant genug sind. Allerdings kann der Gebrauch ein anderer sein als der, der eigentlich vorgesehen war. Ob ein Kind ein Spielzeug beachtet und mit ihm im gemeinten Sinn spielt, ist nicht unbedingt abhängig von Lebensalter oder Entwicklungsstand.

3. Kleine Kinder brauchen Erwachsene zum Mitspielen. Deshalb ist es wichtig, daß ein Spielzeug auch uns gefällt. Wir beteiligen uns dann lieber am gemeinsamen Spiel. Andererseits liegt darin die Gefahr, daß wir dem Kind unsere eigenen aus unserer Kindheit übriggebliebenen Wünsche unterschieben und enttäuscht sind, wenn das Kind mit dem Gegenstand nichts anfangen kann.

4. Untersuchungen haben ergeben, daß Eltern ganz unbewußt schon

«Mama,
komm spielen!»

sehr früh Mädchen und Jungen verschiedenes Spielzeug anbieten. Der Junge bekommt den Lastwagen, das Parkhaus und einen Bären, das Mädchen eine Puppenstube, Kochgeschirr und eine Puppe. Schon die getrennte Aufstellung der Spielsachen für Jungen und Mädchen in den Geschäften sorgt für eine solche Vorauswahl, eine unsinnige frühe Festlegung auf bestimmte Rollen, die einem Kind sehr hinderlich sein kann.

5. Eine Freundin berichtete vom Weihnachtsabend mit ihrem zweieinhalbjährigen Jungen. Als er drei Päckchen geöffnet hatte, sagte er: «Das reicht!», spielte mit den ausgepackten Gegenständen und ließ die anderen unausgepackt liegen. Die Großmutter und eine Tante waren sehr enttäuscht, denn ihre Päckchen waren nicht geöffnet worden. An Weihnachten, Ostern und zu Geburtstagen wird das meiste Spielzeug gekauft und verschenkt. Für die Kinder ist diese Anhäufung von so vielen

Geschenken zu einzelnen Terminen Unsinn. Mehr als ein bis zwei attraktive Spielsachen auf einmal können sie nicht würdigen. Außerdem durchlaufen sie während eines Jahres viele verschiedene Entwicklungsschritte, in denen jeweils etwas anderes interessant ist. Zu viel aber kann für ein gutes Spiel hinderlich sein. Weniges, aber gut aufeinander abgestimmtes Spielzeug, das sich vielfältig verwenden läßt, regt die Phantasie und Spielideen mehr an. Eine Puppe z. B., die nach und nach Kleider, Strümpfe, Rucksack usw. bekommt, ist wichtiger als drei verschiedene Puppen.

Vom Umgang mit Spielzeug

1. Spielzeug ist kein Ersatz fürs Mitspielen

«Mama, pomm spielen!» Kinder brauchen uns zum Spielen, keineswegs immer, aber zumindest immer wieder, so lange wir ihre Geschwister und Spielkameraden sind. Oft genügt es, wenn man neben dem Kind auf dem Boden sitzt (und strickt) und dann und wann ein wenig mitspielt. Es genügt die enge Anwesenheit. Oft genügt auch ein kurzes intensives Mitspiel, dann darf man für eine Zeit gehen («Ich räume schnell die Küche auf, dann komme ich wieder» – das muß man dann aber auch tun!).

Mit den kleinen Kindern zu spielen ist für uns in der Regel langweilig und mühsam: Immer wieder muß das gleiche gespielt werden, und was gespielt wird, ist nicht besonders unterhaltsam. Man sollte sich – wenn einen die ständige Mitspielaufforderung allzusehr nervt – ruhig einmal die Freiheit nehmen, dem Kind einen Korb zu geben: «Spiel jetzt bitte allein»! Unser Kind spürt nämlich unsere Gefühle sehr genau. Auch wären wir ansonsten verführbar, das Spiel in die Hand zu nehmen und endlich richtig zu spielen («So mußt du das machen!»).

2. Die Mutter saß mit Christian am Tisch. Er hatte ein Holzpuzzle bekommen: eine Landschaft mit Hund in einem Holzrahmen. Christian schüttete alle Teile aus und probierte. Drei Teile legte er richtig hinein. Mit dem vierten klappte es nicht. Er drehte es in der Hand, schaute es von allen Seiten an: «Das ist ein Auto!» Er schob mit dem Teil brummend um das Puzzle herum. Er nahm ein weiteres Teil und studierte es: «Noch ein Auto!» In jeder Hand ein Auto, brummte er durch das Zimmer. Das Puzzle war vergessen. Die Mutter war versucht, ihn anzuleiten: «Schau, so geht es, da muß es hin.» Gedanken, wie: das Kind muß doch lernen, ausdauernd zu sein, etwas fertig zu machen usw. gingen ihr durch den Kopf.

3. Es ist faszinierend zu sehen, wie ältere Kinder mit kleineren spielen.

«So, jetzt setzt du dich da hin und wartest. Gleich kommt das Feuerwehrauto zu dir gefahren. Der Schrank ist ein Haus, und das brennt ... Du mußt doch erst das Männchen auf die Leiter steigen lassen, sonst kann es doch nicht löschen.» – Der kleinere führte brav und voller Bewunderung für den großen Jungen alles aus, wie ihm geheißen wurde, und hatte selbst von nun an ein neues Spiel, das er selbständig spielte. Größere Kinder beziehen die kleinen ganz selbstverständlich in ihr Spiel ein. Sie sagen ihnen: Du kannst das, du bist schon so groß, daß wir beide miteinander spielen können. Es gibt wenige Erwachsene, die genauso mitspielen können. Öfter geschieht es, daß ihr Eingreifen das Spiel kaputt macht: Schau, so mußt du das machen, so ist es richtig! Das Spiel des Kindes wird gegängelt, ohne daß man sich selbst darauf einläßt. Meist zieht sich das Kind dann zurück, oder es gibt Streit.

4. Mit Spielzeug zu spielen, heißt spielen – und nicht lernen. Es gibt Spielzeug, dessen einziger Zweck es ist, etwas Bestimmtes, meist eng Begrenztes, zu lernen. (So bei vielen Spielen für Vorschulkinder, die für die Schule fitgemacht werden sollen.) Den Kindern ist der von den Erwachsenen erdachte Zweck des Spielzeugs völlig gleichgültig (nur aus diesem Grunde kann man es ihnen als «Spiel»-zeug verkaufen). Sie spielen unbefangen mit allem, was ihnen zwischen die Finger kommt – das Uninteressante legen sie einfach weg. Spielzeug aber verführt *uns*, mit dem Kind zu üben und zu lernen anzufangen. Dies kann dem Kind – und uns – eine Menge verleiden.

5. Das Aufräumen des Spielzeugs ist wohl – zumindest zeitweilig – in jeder Familie ein Problem, bei Kindern aber in der Regel noch nicht. Sie räumen überhaupt nicht von alleine auf, sie haben aber viel Spaß am Sortieren und Einordnen, so daß das Aufräumen zum schönsten gemeinsamen Spiel werden kann.

Beim Kauf beachten:

– Das Spielzeug muß unsachgemäße Behandlung aushalten: Kinder gehen noch nicht vorsichtig mit einem Spielzeug um. Sie müssen alles auf Herz und Nieren untersuchen. Ermahnungen zu behutsamem Umgang mit diesen Sachen engen ein und lähmen. Die Gegenstände müssen Stürze aushalten. Neuralgische Punkte sind oft Kupplungen, z. B. zwischen Bagger und Anhänger oder bei Zügen. Das Spielzeug ist immer nur so gut wie sein schwächstes Teil.
– Spielzeug muß problemlos zu bedienen sein. Ein Bagger z. B., dessen Greifhebel bei der Bedienung leicht klemmt, ist nicht geeignet. Dies muß man vor dem Kauf unbedingt überprüfen!
– Der Preis des Spielzeuges sollte in einem angemessenen Verhältnis zu der Zeitspanne stehen, in der das Kind voraussichtlich damit spielen kann. (Ein sehr teures Babyspielzeug wird bald unbeachtet in der Ecke liegen, weil das Kind aus ihm herausgewachsen ist, obwohl das Spielzeug drei Generationen aushalten würde.)
– Spielzeug spielt sich ab und wird meist nach einiger Zeit uninteressant. Wurde es eine Zeitlang weggeräumt, ist es bei der Wiederentdeckung oft wie ein neues Spielzeug.
– Besonders gutes Spielzeug ist in der Regel auch besonders teuer. Auf Flohmärkten oder in Zweitehandläden bekommt man es oft sehr preiswert.
– Manches Spielzeug ist überflüssig, aber trotzdem sehr schön. Oma hatte für unseren zweijährigen Sohn einen batteriegetriebenen Hund mitgebracht: Er wackelte mit dem Kopf, bellte, wedelte mit dem Schwanz und machte kleine Tapser vorwärts. Ich dachte im stillen: «Das hätte ja nun wirklich nicht sein müssen!» Aber Niklas war begeistert. Er lag auf dem Bauch und quietschte vor Vergnügen. Der Hund tapste auf ihn zu und rieb die Nase an seiner Nase, er schob ihn zurück und ließ ihn wieder kommen. Die Freude war groß. Daneben verblaßte der wunderschöne neue Baukasten. Natürlich hielt der Hund nicht lange. Der Hebel zum An- und Ausschalten brach unreparierbar ab. Damit verschwand der Hund – aber Niklas hatte seine große Freude gehabt. Danach kam der Baukasten zum Zug.

Gift im Spielzeug

Während ich an diesem Buch arbeitete, brachte mir eine Freundin ein Heft der Zeitschrift Neugier mit (April 1983): «Darüber mußt du etwas bringen!» Ich überflog: Das Bremer Umweltinstitut hatte stichprobenartig 47 Kunststoffgegenstände in den Farben rot, orange und gelb auf ihren Gehalt an Cadmium untersucht. Dazu gehörte neben Haushaltsgegenständen auch Spielzeug, sogar Beißringe! Das Ergebnis war verheerend: Von den 47 untersuchten Gegenständen war in 18 kein Cadmium nachweisbar, aber bei 21 ein sehr hoher bis hoher Gehalt. Dazu gehörten rote Legosteine ebenso wie eine Zahnbürste.

Ich erschrak und ließ in Gedanken unser Spielzeug an mir vorüberziehen: Auch wir besaßen einige der verdächtigen Gegenstände!

Ich wußte:
- Cadmium gehört zu den schädlichsten Schwermetallen.
- Cadmium lagert sich im Körper ab (besonders in Leber und Nieren), weshalb auch die Aufnahme geringer Mengen von Bedeutung ist. Langfristige Schädigungen sind nachgewiesen.
- Normalerweise ist Cadmium in Kunststoffen nicht löslich, zum Teil aber durch Säure (z. B. Salatsoße oder Magensäure). (Kinder können ein Teil verschlucken, einen Legostein aufessen usw.)

Ich wußte auch: Cadmium ist verzichtbar! Es gibt inzwischen andere Stoffe, die Cadmium als Pigment oder Stabilisator vollständig ersetzen können. Warum werden diese nicht verwendet? In Schweden wurde die Verwendung von Cadmium inzwischen verboten, wenn auch mit einer längeren Übergangszeit. Immerhin. Und bei uns?

Es gibt keine gesetzliche Regelung, die die Verwendung von Cadmium tatsächlich behindern würde. Selbst die DIN- und EG-Normen für Spielzeug sind in ihren Grenzwerten so hoch angesetzt, daß die Norm unerheblich ist.

Wonach kann man sich also richten, wenn man Spielzeug aus Kunststoff kaufen möchte? Jedenfalls nicht nach bekannten Firmennamen: Sowohl bei bekannten wie bei unbekannten Herstellern wurde Cadmium in ihren Produkten entdeckt. Auch das Herstellerland gibt keinerlei Anhaltspunkte. Man kann also nicht sicher sein, ob ein Gegenstand Cadmium enthält oder nicht.

Immerhin wurden durch die Bremer Ergebnisse und darauffolgende Aktionen und Ausstellungen verschiedener Verbrauchergruppen einige Firmen unruhig und versicherten, die Verwendung von Cadmium einzuschränken oder gänzlich einzustellen. Sie fürchteten um ihren guten Namen. Läßt sich also doch etwas bewegen?

Ich habe in einigen Spielzeugläden gefragt, ob sie über cadmiumhaltige

Spielwaren Bescheid wüßten. Einige Verkäuferinnen hatten noch nie etwas davon gehört, andere sagten: «Was sollen wir tun?» Sie zuckten mit den Schultern. Wenn die Käufer hartnäckig genug sind und immer wieder fragen, können die Geschäfte ihr Sortiment nach diesen Gesichtspunkten auswählen. Das stete Bohren vieler einzelner hat schon manches erreicht. Warum kann nicht für Kunststoffspielzeug eine Plakette eingeführt werden: Hergestellt ohne Verwendung von Cadmium? Für den Hersteller könnte das ein guter Werbeeffekt sein: «Umweltfreundliches Spielzeug.»

Anmerkung des Herausgebers: Weitere wichtige und nützliche Informationen zum Thema Gift im Spielzeug finden sich in dem rororo Sachbuch Nr. 8518 «Öko-Test Ratgeber Kleinkinder».
Der «spiel gut»-Arbeitsausschuß Kinderspiel + Spielzeug e. V. hat eine Broschüre herausgebracht: Liselotte Peé, Sicherheit und Risiko bei Kinderspiel und Spielzeug, Ulm 1986.
Sie informiert über altersgemäßes kindliches Spielverhalten, über die verschiedenen beim Spielzeug verwendeten Werkstoffe (z. B. auch Kunststoffe und Lacke), über Spielgegenstände, die Risiken bergen ebenso wie über Spielplatzgeräte. Hier findet man auch die relevanten gesetzlichen Bestimmungen.
Die Broschüre kann man bestellen bei der Geschäftsstelle des Arbeitsausschusses «spiel gut» (Adresse s. Anhang)

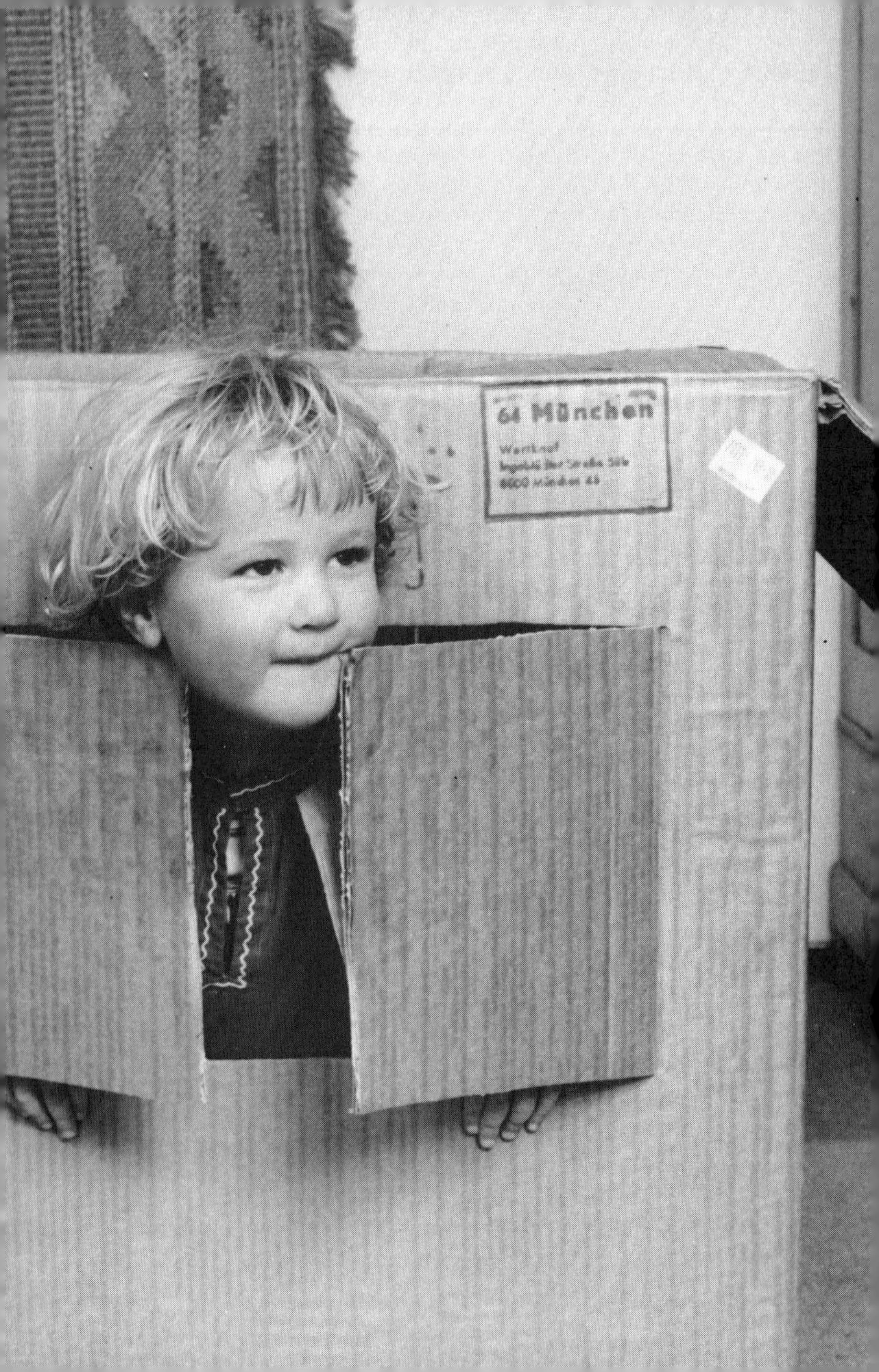
64 München

Kapitel 9

Spielzeug selber machen

Erstes Spielzeug für die Kinder ist meist teuer. Vieles muß man aber nicht kaufen, denn es läßt sich einfach selbst herstellen. Dazu bedarf es keiner besonderen handwerklichen Begabung. Außerdem ist es schön zu sehen, wie das Kind an einem solchen Gegenstand seine Freude hat.

197 **Greif- und Beißringe** Aus Baumwollfaden dreht man sich eine kräftige Kordel. (Ein langer Faden, doppelt genommen und an den Enden zusammengeknotet wird in sich gedreht: Ein Ende hängt man über die Türklinke, in das andere steckt man einen Bleistift; der gespannte Faden wird mit Hilfe des Bleistiftes fest aufgedreht. Legt man ihn von der Mitte her zusammen – dabei die Fadenenden gut festhalten – drehen sich beide Hälften gegeneinander auf. Durch mehrfaches Darüberstreichen werden die Drehungen gleichmäßig verteilt. Dann knotet man beide Enden zusammen.)

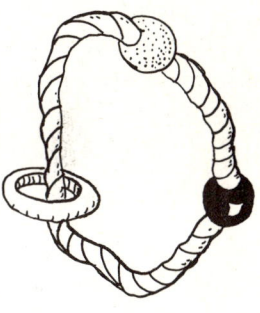

Auf diese Kordel fädelt man große hölzerne Vorhangringe (unbehandelt, aus verschiedenen Hölzern), verschieden große Holzperlen, ein Stück durchbohrtes Rundholz, eine Holzscheibe oder ähnliches, jeweils aber nicht mehr als drei bis vier Gegenstände. Sie müssen sich auf der Kordel gut hin- und herschieben lassen.

Eine solche Kordel kann man natürlich auch über den Kinderwagen spannen.

198 **Fingerhut-Rassel** Fingerhüte gibt es in vielen verschiedenen Farben zu kaufen. Plastikfingerhüte durchbohrt man mit einer Nadel (die Nadel vorher in einer Kerzenflamme erhitzen), metallene durchschlägt man mit Hilfe eines Nagels. Dann knotet man in jeden einen Faden und bindet viele an unterschiedlich lange Fäden wie Glöckchen zu einem ganzen Bündel zusammen. Mit hinein wird eine längere Schnur mit einem Ring oder einer dicken Kugel geknotet: Rüttelt das Baby an ihr, schlagen die Fingerhüte leise aneinander.

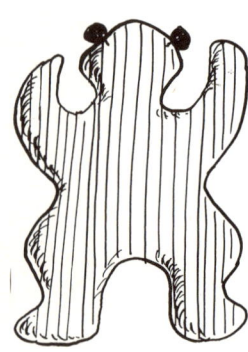

199 **Spielsäckchen** Füllt man ein kleines flaches Säckchen (10 × 10 cm) aus buntem Stoff mit einer Handvoll Reiskörnern, hat das Baby ein schönes Greifspielzeug. Noch schöner ist das Säckchen, bekommt es die Form eines Frosches:

Zwei gleiche Teile möglichst verschiedener Stoffe werden gegeneinander genäht, durch ein offengelassenes Stück Naht wird der Frosch mit Reis gefüllt (nicht zu prall, sonst greift er sich schlecht und wird zu schwer) und zugenäht. Zwei Kugelknöpfe als Augen sehr fest daraufgenäht (damit sie nicht abgehen und vielleicht verschluckt werden!) – fertig ist der Frosch. Das Baby kann ihn sehr gut an Armen und Beinen packen und daran nuckeln.

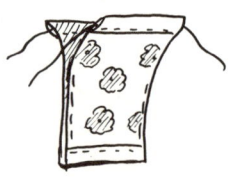

200 **Erste Puppen und einfache Stofftiere** Man zeichnet sich die Puppe oder das Tier auf einem Papier vor und schneidet es als Schablone aus. Damit läßt sich die Figur leicht auf Stoff übertragen (Achtung: Nahtzugabe); sie wird doppelt ausgeschnitten, zusammengenäht und gefüllt. Als Füllung eignen sich die gesammelten restlichen Wollfäden eigener Strickarbeiten. Sie sind unschädlich, wenn das Baby an der Puppe oder dem Tier lutscht. In Fachgeschäften gibt es Füllwolle zu kaufen. Die Puppe braucht noch Haare: Man näht auf den Hinterkopf ein Stück Teddyfutterstoff oder zieht viele Schlingen aus Wolle durch den Stoff. Das Gesicht wird aufgemalt oder aufgestickt.

Ein einfaches Kleidchen entsteht aus zwei rechteckigen Stücken Stoff: seitlich bis zum Armloch schließen, unten säumen. Durch einen Saum am Hals wird je ein Bändchen gezogen, mit denen das Kleid am Hals geschlossen wird.

201 **Erste Bilderbücher** Erste Bilderbücher sind leicht selbst herzustellen:

Verschiedene dem Kind bekannte Gegenstände (Blumen, Ball, Sonne, Vogel usw.) werden aus buntem Stoff ausgeschnitten und auf einfarbigen Stoff (Größe jeder Seite etwa DIN A 5) appliziert. Ist der Grundstoff sehr dünn, kann man ihn durch Vliseline etwas versteifen, die auf die Rückseite aufgebügelt wird. Jetzt werden je zwei Seiten mit der Rückseite aneinander und schließlich alle Seiten zusammengenäht, eventuell mit einem farbigen Band als Buchrücken.

Ganz ähnlich läßt sich ein Bilderbuch aus Holz herstellen. Die Buchseiten werden aus dünnem Sperrholz gesägt, etwa 15 × 15 × 0,3 cm, die Ecken gut abgerundet. Auf jede Seite wird ein Gegenstand gemalt. Wer sich dies nicht zutraut, kann Schablonen aus Handarbeitsheften leicht übertragen. Durch zwei nicht zu kleine Löcher wird ein Lederband gezogen, das die einzelnen Seiten locker zusammenhält (entweder in Form eines Buches oder eines Leporellos).

*Trautes Heim, Glück
allein!*

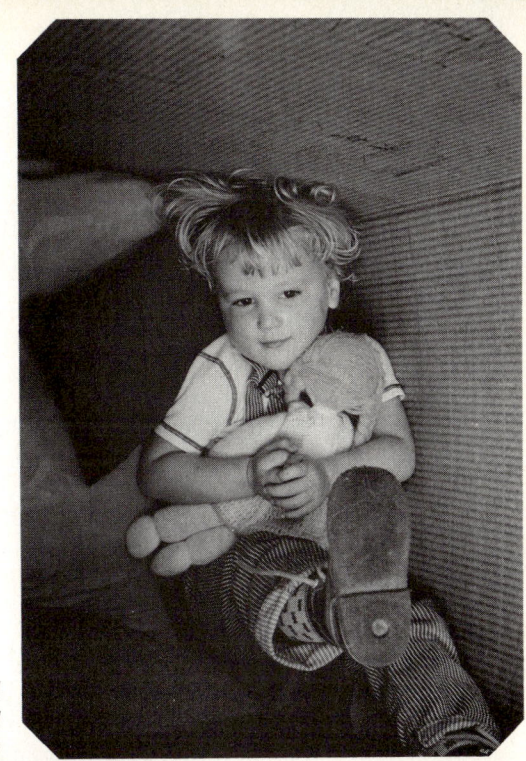

*Wollte da etwa irgend
jemand das Gegenteil
behaupten?*

Anleitungen für Stoffbilderbücher finden sich in Handarbeitsheften und Illustrierten.

202 **Holzbausteine** * Kleine Kinder brauchen große Bausteine für ihre ersten noch unbeholfenen Bauten. Die gängigen Bauklötze sind hierfür zu klein (und außerdem teuer!).

– Birkenholzbausteine: Eine sehr schöne Lösung habe ich bei Freunden gesehen: Sie hatten den Stamm einer dünnen Birke (nachdem diese bei einem Fest ausgedient hatte) mitsamt der Rinde in verschieden dicke Scheiben geschnitten. Ihr Einjähriger war begeistert und stapelte eifrig Scheibe auf Scheibe.

– Bausteinsortiment: Ein Sortiment echter Bauklötze ist sehr leicht selbst herzustellen. Mit Hilfe der Stichsäge ist dies kein Problem: Man kauft sich im Do-it-yourself-Laden oder beim Schreiner Vierkanthölzer, verschiedene Leisten (möglichst aus Hartholz) und Besenstiele. Diese sägt man in Stücke. Es ist wichtig, darauf zu achten, daß die Längen- und Breitenmaße aufeinander abgestimmt sind. Sonst kann man mit den Klötzen keine großen stabilen Bauwerke erstellen.

---

  * **Oberflächenbehandlung von Holzspielzeug:**
Gewöhnlich wird Holzspielzeug lackiert: farbig oder mit Klarlack. Dies sollte man aber nicht bedenkenlos tun. Kinder nehmen Holzspielzeug in den Mund und beißen darauf herum. Traditionelle Lacke aber enthalten einen hohen Anteil an organischen Lösungsmitteln und Schwermetallen wie Blei und Chromaten (vgl. S. 178). Da es für Lacke keine Kennzeichnungspflicht gibt, kann der Verbraucher nicht zwischen umweltfreundlichen (also ungiftigen) und herkömmlichen Lacken unterscheiden. In manchen Fachgeschäften kann man allerdings Spezial-lacke bekommen, die für Kinderspielzeug geeignet sind.
  Es gibt inzwischen aber schon viele umweltfreundliche und ungiftige Alternativen. Besonders bewährt hat sich Bienenwachs zur Behandlung der Oberfläche: Hat man das Holz damit eingerieben, ist es gegen Wasser geschützt, behält seine Oberflächenstruktur und hat einen schönen matten Glanz. Außerdem duftet es sehr angenehm.
  Informationen über Naturfarben bekommt man in Naturkostläden oder direkt bei einzelnen Firmen:
– Livos Pflanzenfarben
– BIOFA Naturprodukte W. Hahn GmbH (Adressen s. Anhang)

z. B. Würfel: 5 × 5 × 5 cm
Latten: 2,5 × 5 × 10 cm
                    2,5 × 5 × 15 cm
                    2,5 × 5 × 20 cm
Dächer: 2,5 × 2,5 cm
                    5 × 5 cm
Rundhölzer: 5; 10; 15; 20 cm lang

Nach dem Zusägen müssen die Kanten gut glattgeschliffen werden, die Ecken werden leicht abgerundet. Eine weitere Oberflächenbehandlung benötigen die Holzklötze nicht.

203 **Steckspiel** In eine Grundplatte (ca.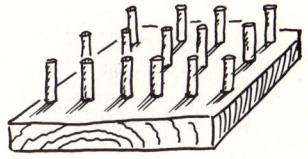
20 × 20 × 1,5 cm) werden mit dem Holzboh-
rer etwa 1 cm tiefe Löcher gebohrt (Durchmesser 1,1 cm). Von einer Holzstange
(Durchmesser 1 cm) sägt man verschieden
lange Abschnitte (etwa 3–6 cm) entspre-
chend der Zahl der Löcher ab. Nach dem Abschleifen kann man sie ver-
schiedenfarbig bemalen.

204 **Verschiedene Puzzles**
– Einlegepuzzle: Aus einer Sperrholzplatte (ca. 20 × 30 × 0,5 cm) werden mit der Laubsäge verschiedene Gegenstände ausgesägt (z. B. Auto,
Haus, Baum, Blume usw.). In jedes Teil schraubt man eine kurze
Schraube mit rundem Kopf als Griff. Damit die Teile nicht durchfallen
können, klebt man gegen die Rückseite einen dicken Karton oder eine
Platte aus Preßpappe. Natürlich sollten die Gegenstände bemalt sein.
    Man kann aber auch aus einer solchen Platte einen einzelnen Gegen-
stand sägen, den man dann wiederum unterteilt: z. B. wird ein großer Bär
auseinandergesägt und in Arme, Beine, Kopf und Körper unterteilt.
Dann muß eine feste Platte dahintergeklebt werden.

– Flächiges Puzzle: Sechs Vierkanthölzer (3 × 3 × 18 cm) können zu vier verschiedenen Bildern zusammengelegt werden. Wer sich nicht zutraut, die Hölzer mit eigenen Motiven zu bemalen, kann sich vier Bilder passender Größe zu Hilfe nehmen und in 3 × 18 cm große Stücke geschnitten auf die Hölzer kleben.

205 Lochbrett In einen festen Karton (ca. 15 × 15 cm) stanzt man mit dem Lederlocher große Löcher: Mit einem langen Schnürsenkel oder einem Faden, dessen Ende mit Uhu oder eng darumgewickeltem Tesafilm verstärkt wurde, kann das Kind durch die Löcher nähen. Statt Karton kann man natürlich auch eine Sperrholzplatte (0,5 cm) mit dem Holzbohrer durchlöchern.

206 Verschiedene Dominospiele Dominospiele sind besonders leicht herzustellen:

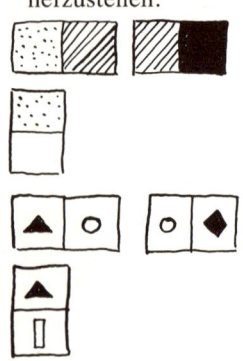

– Farbendomino: Aus Sperrholz sägt man 28 Täfelchen aus (5 × 2,5 × 0,5 cm). Diese werden folgendermaßen bemalt: 4 Täfelchen ganz in einer Farbe: rot, gelb, grün, blau, je 4 Täfelchen in den Farbkombinationen: rot-gelb; rot-grün; rot-blau; gelbgrün; gelb-blau; grün-blau.

Am Anfang werden die Kinder die Dominosteine wie Bausteine verwenden. Es dauert eine Zeit, bis Spielregeln eingehalten werden können:

Eine lange Straße muß gebaut werden, indem immer gleiche Farben zueinander gelegt werden. Zunächst liegen alle Steine mit den Farben nach oben und wer dran ist, nimmt sich den richtigen Stein. Später kann man sie umdrehen; welche Farben hat der gewendete Stein? Paßt er zum Anlegen? Wenn nicht, kommt der Nächste an die Reihe.

– Bilderdomino: Anstelle von Farben werden auf die Täfelchen Bilder mit Tieren, Gegenständen oder Mustern gemalt. Gespielt wird genauso.

207 Merkspiel Um ein schönes Merkspiel (ähnlich dem bekannten «Memory») herzustellen, braucht man lediglich Karton (z. B. Fotokarton) und zwei gleiche Illustrierte oder Kinderzeitungen.

Auf jeweils zwei aus Karton ausgeschnittene Kärtchen (ca. 6 × 6 cm) werden zwei gleiche Bilder aus den Zeitungen aufgeklebt. Man beginnt dieses Spiel am besten mit nur wenigen Bildpaaren: Diese liegen verdeckt auf dem

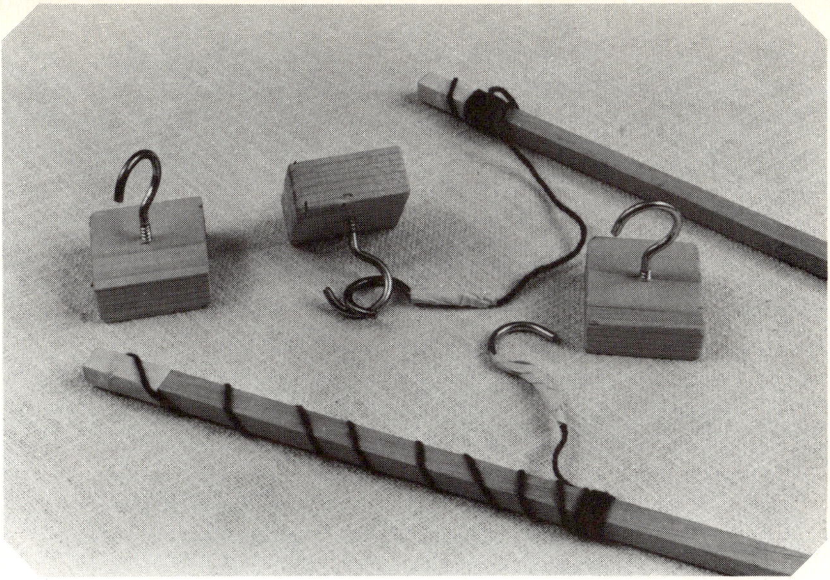

Das beliebte Angelspiel: Auch für handwerklich Ungeübte ist es leicht herzustellen (oben). Dann braucht jeder nur noch eine ruhige Hand, etwas Geduld – und manchmal ein wenig Hilfe.

Tisch. Der erste Spieler wendet zwei Kärtchen, so daß es alle sehen können, und legt sie umgekehrt wieder auf die gleiche Stelle zurück. Der nächste macht es ebenso. Wird ein Kärtchen aufgedeckt, dessen Doppel schon einmal aufgedeckt war, hat der Spieler die Chance, sich dieses erste Kärtchen dazuzuholen – vorausgesetzt, er hat sich gemerkt, wo es liegt. Hat er nicht die richtige Karte erwischt, deckt er beide wieder um, und der nächste hat die Chance. Dieses Spiel beherrschen Kinder bald sehr viel besser als die meisten Erwachsenen!

208 **Angelspiel** Es gilt, mit Hilfe einer Angel (einem Stock mit einer nicht zu langen Schnur, an der ein Haken befestigt wurde) einen Fisch zu angeln (ein Holzblöckchen oder ein aus einem Brett ausgesägter Fisch, in die ein Schraubhaken gedreht wurde), indem man den Angelhaken in den Fischhaken hängt. Dies ist gar nicht so einfach. Gibt es anläßlich eines Kinderfestes kleine Gewinne, kann man verschiedene Gewinngruppen durch verschiedene Farbflecke auf dem Boden des Fisches markieren. Der Fisch schwimmt dabei in einem kleinen Planschbecken ohne Wasser.

Übrigens ist dabei Mogeln erlaubt!

209 **Einfache Strumpftiere als Handpuppen** Aus einzelnen Socken lassen sich mit einfachen Mitteln Handpuppen herstellen, mit denen schon die ganz Kleinen gut spielen können: Unter die Ferse werden zwei dicke Knöpfe locker angenäht: Das Phantasietier kann dann ein wenig

seine Augen bewegen. Auf die Ferse klebt man ein Stückchen Fell als Haare, oder man näht aus einigen Schlingen Wolle einen Haarwuschel (kann ruhig bunt sein!). Steckt man die Fußspitze des Sockens ein Stück weit nach innen und näht sie auf beiden Seiten mit ein paar Stichen fest, so kann das Untier sogar den Mund öffnen! Ein Krokodil wird daraus, wenn man den Strumpf seitlich von Ferse bis Ferse aufschneidet und einen gefalteten Karton an den Schnitträndern hineinklebt. Wird das Maul innen rot angemalt und eine weiße Litze als Zahnreihe herumgeklebt, sieht es wirklich gefährlich aus!

210 **Rutschbahn** Das war eine tolle Geburtstagsüberraschung: Ein Freund brachte unserem Jüngsten ein Brett mit: etwa 1,50 m lang, 30 cm breit, schön glatt gehobelt und gewachst. Wir verstanden zunächst nicht, was das sollte, ein Brett als Geburtstagsgeschenk! Doch unser Jüngster half uns zu begreifen! Inzwischen gehört dieses Brett zu seinen wichtigsten Gegenständen. Am häufigsten wird es als Rutschbahn benutzt: An einen niedrigen Tisch gelehnt, der Teppich läßt es unten nicht wegrutschen, ein Erwachsener steht sicherheitshalber daneben. Über zwei Stühle gelegt, darauf balancieren – ein schwieriges Kunststück! Ein andermal wird es nur Rennbahn für die Autos.

211 **Spielhäuser** Ein Tischhaus: Zunächst wird ein Stück Stoff in der Größe der Tischplatte (mit etwa 1,5 cm Nahtzugabe) zugeschnitten, dann eine Bahn Stoff in der Länge des Umfangs der Tischplatte und in der Höhe des Abstands zwischen Tischplatte und Fußboden. Sie wird an den Enden zusammengenäht und an das Dach genäht. Tür und Fenster werden so eingeschnitten, daß man sie zum Öffnen nach oben rollt und mit Hilfe von

jeweils zwei Schnüren (innen annähen) und zwei Ösen (außen annähen) offen halten kann. Die Schnittkanten kann man durch Umnähen mit Bändern säumen. Der weiteren Verzierung dieses Hauses sind keine Grenzen gesetzt: Man kann ein Namensschild darauf applizieren, eine Briefkastenöffnung einschneiden usw.

– Kartonhäuser: Verpackungskartons von Waschmaschinen, Kühlschränken etc. erhält man in jedem Elektrofachgeschäft. Mit einem spitzen Messer werden nach Angabe des Kindes Fenster und Türen eingeschnitten. Vielleicht soll ein kleiner Karton als Schornstein auf das Dach? Neben der Haustür hängt eine Glocke als Klingel, vor ein Fenster klebt man einen Karton mit selbstgemachten Kreppapierblumen. Vor allem muß das Haus angemalt werden! Oder soll das Kartonhaus lieber zu einem Kaufladen werden? Dann muß die Fensteröffnung groß genug sein!

212 **Egon, die Marionette** Egon, der sonderbare Vogel, ist eine einfache Marionette: Es ist nicht schwer, Egon laufen zu lassen. Das haben die Kleinen schnell heraus.

Material:
– vier Holzkugeln (3,5 cm Durchmesser)
– 29 farbige Holzkugeln (11 cm Durchmesser)
– etwas bunter Filz und kleine Federn
– 2 Scheiben aus festem Karton (6 cm Durchmesser)

– kräftige Perlonschnur (sogenannte Bastelschnur, diese verheddert sich nicht so leicht)
– Holzleisten (34 × 1 × 0,5 cm)

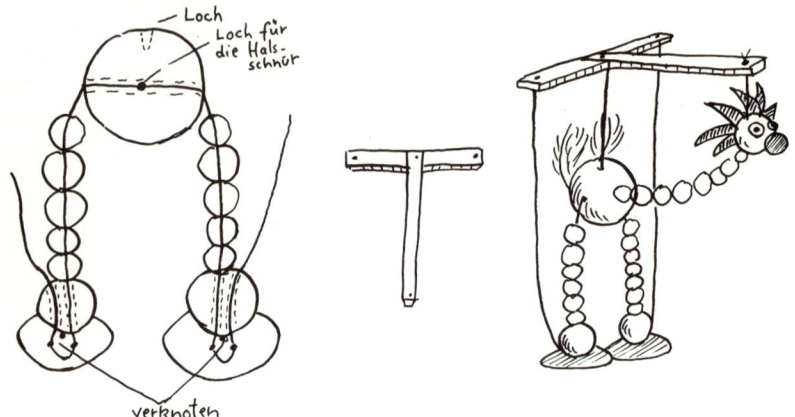

165 cm der Perlonschnur werden bis zur Mitte durch eine durchbohrte Bauchkugel gezogen, dann werden von beiden Enden her neun kleine Kugeln und eine große aufgefädelt. In beide Kartonscheiben bohrt man in der Mitte zwei Löcher. Die Schnur wird jetzt jeweils durch das eine Loch hindurch-, zum anderen wieder herausgefädelt, verknotet und durch die große Kugel gezogen. Den Rest Schnur läßt man zunächst hängen.

Dann bohrt man in die Mitte der Bauchkugel (senkrecht zur Schnur) ein Loch und verleimt mit etwas Holzleim das Ende einer 30 cm langen Perlonschnur zusammen mit einem Stück Streichholz. Nach dem Antrocknen werden 10 kleine Kugeln aufgefädelt, eine große als Kopf und schließlich eine kleine als Schnabel, dahinter die Schnur verknotet.

In die Oberseite des Kopfes wie des Bauches bohrt man jeweils ein Loch, in dem man das Ende von 35 cm Schnur und einem Stück Streichholz verleimt. 2 × 17 cm der Holzleiste klebt man senkrecht aufeinander zu einem Führkreuz zusammen. An ihm verknotet man zuerst die Schnur, die vom Bauch kommt, dann die vom Kopf so, daß er in gleicher Höhe hängt wie der Bauch, und schließlich die der Füße: Bauch- und Fußfäden müssen straff sein, wenn die Füße gerade hängen. Jetzt braucht Egon nur noch etwas Schmuck: Schwanzfedern, Flügel aus Filzresten, Filzaugen und einen Federkamm.

213 Ein Kasperletheater im Türrahmen Ein solches Kasperletheater
ist leicht genäht und nimmt fast keinen Platz weg! Wird es nicht mehr
gebraucht, rollt man es zusammen.

Die Maße dieses Theaters richten sich natürlich nach der jeweiligen
Türöffnung.

Zunächst braucht man eine große Bahn
Stoff, etwas größer als die gesamte Türöffnung. Seiten und Unterkante werden ge-
säumt. In den oberen Rand näht man einen
Saum für eine Gardinenstange als Verstei-
fung, an die Ecken zwei Schlaufen zum
Aufhängen.

Dann muß man sich überlegen, in welcher Höhe die Öffnung des Theaters sein
soll: Will man sie sehr niedrig, so daß die
Kleinen ohne Schemel dahinter spielen
können, so empfiehlt sich an der Unterkante ein breiter Saum, den man später
auslassen kann. Das Theater kann so mit
dem Kind wachsen, indem man es ein Stück
höher hängt.

Man schneidet die Öffnung hinein (etwa 40 cm hoch, 10 cm Stoff sollten
seitlich neben der Öffnung stehen bleiben) und säumt sie mit einem schönen farbigen Band. Ist das Band breit genug, näht man gleichzeitig mit
ihm einen Tunnel, in den an der Ober- und der Unterseite je eine Vor-
hangstange in der Breite der Öffnung gesteckt wird. Eine weitere Vor-
hangstange trägt den Vorhang: sie muß 6 cm länger sein als die Öffnung
und wird, wenn der Vorhang daraufgeschoben ist, 3 cm höher auf der
Rückseite festgenäht. Möchte man ihn lieber vor der Öffnung haben,
wird die Leiste auf der Vorderseite angenäht. Damit sie verdeckt ist, kann
män einen gefalteten oder gekräuselten Streifen Stoff 4 cm breit (plus
2 cm Saum) über der Stange als Blende annähen.

Die beiden Vorhangteile sollten miteinander etwa die doppelte Breite
der Öffnung haben und um 4–5 cm über diese hängen. Mit Hilfe einfacher darangenähter Vorhangringe kann man den Vorhang später leicht
bewegen.

Hiermit wäre das Theater schon fertig, man kann sich aber noch diverse
Extras einfallen lassen: ein zusätzliches Loch, das mit einer Lasche verdeckt wird (versteckt sich der Kasper, taucht er plötzlich aus diesem Loch
auf!); hilfreich für kleinere Aufführungen sind einige Taschen an der
Rückseite, in denen die benötigten Figuren und Requisiten bereitgehal-
ten werden können.

Kapitel 10

Besondere Situationen

Omas Stimme wurde dringlicher: «Ach, laß doch, das ist doch nicht so schlimm. Komm, wir spielen lieber das Spiel hier. Welche Farbe willst du?»

«Laß mich! Ich will jetzt wütend sein!» Annika stampfte zornig mit dem Fuß auf. Ihr komplizierter Turm aus Bauklötzen war wieder eingestürzt. Sie funkelte Oma an: «Laß mich!»

Oma verstummte. Sie verstand nicht, was vorging. Sie wurde ärgerlich. Sie hatte doch nur versucht, Annika von ihrem Ärger abzulenken, indem sie ihr ein anderes Spiel vorschlug!

Annika schimpfte noch eine Weile vor sich hin, baute aber weiter und fand schließlich eine Lösung, die sie zufriedenstellte. Jetzt strahlte sie wieder. «Schau, Oma, so geht's.»

Annika wollte sich mit ihrem Ärger selbst auseinandersetzen, und sie verlangte, daß man dies akzeptierte. Wahrscheinlich fühlte sie sich überrumpelt und betrogen, als die Oma sie nicht ernst nahm.

Ärger, Wut, Trauer und Schmerz können sich bei kleinen Kindern sehr impulsiv Luft machen. Sie bringen uns Erwachsene damit manchmal in recht knifflige Situationen. Oft fällt uns dann nur die Ablenkung als Ausweg ein: ein neues Spiel, ein Apfel zum Essen oder ein Glas Saft.

Oft klappt das, denn kleine Kinder sind lange Zeit ablenkbar. Sie können mit einem Atemzug von herzzerreißendem Schluchzen auf herzliches Lachen umschalten. Oft scheinen sie sogar fast dankbar zu sein, wenn wir sie herausholen aus ihrem Ärger und ihrer Wut oder wenn sie vor lauter Wollen nicht mehr wissen, *was* sie wollen.

So hilfreich und oft unumgänglich das Ablenken im Spiel und Gespräch ist, so bleibt es doch ein heikles Manöver. Es dauert nicht lange, bis Kinder die Absicht der Eltern durchschauen. «Ich will aber wütend sein!» oder «Du willst mich ja nur ablenken!» – solche Sätze beweisen das. Kinder fordern offenen Umgang miteinander, offene Auseinandersetzung.

Unterschiedliche Anlässe können Kinder explodieren lassen: Das ist vor allem der eigene Wille, mit dem sie erst zurechtzukommen lernen müssen. Dazu gehören aber auch die zahllosen Situationen, in denen Kinder nicht so sein dürfen, wie sie gerne möchten. Hier kommt es darauf an, daß der Erwachsene gemeinsam mit dem Kind eine Lösung findet, durch die die mißliche Situation spielerisch bewältigt wird – wenn man sie schon nicht ändern kann.

Wenn der Weg lang wird

Ein Vater und sein Kind müssen einen langen schmalen Gehweg am Rand einer sehr befahrenen Straße entlang. Die Autos zischen gefährlich nahe vorbei. Der Weg wird lang. Das Kind will nicht mehr an der Hand laufen, sondern alleine sausen und springen.

– «Jetzt probieren wir, ob wir es schaffen, nur mitten auf die Pflastersteine zu treten – oder lieber nur auf die Ränder?»

– «Vorwärts laufen ist mir jetzt langweilig! Dann laufen wir eben einfach rückwärts.»

– «Ich mache einen kleinen Mauseschritt und du große Riesenschritte. Wie viele Schritte brauche ich wohl? Und dann machen wir es umgekehrt: Ich bin der Riese und du die Maus.»

– «Kannst du schon auf einem Bein hüpfen – auf dem rechten, aber auch auf dem linken, oder auf allen beiden?»

– «Stell dir vor, du bist blind. Mach deine Augen zu, ich führe dich. Du kannst dich auf mich verlassen.»

– «Magst du die Straßenlaternen zählen, die Gartentore oder die Gartenpfosten?»

– «Wie viele rote Autos fahren vorbei, wieviel Fahrräder?»

– «Jetzt sind wir zwei Pferdchen. Sie springen den Weg entlang. Achtung, da ist ein Bach! Sie müssen ganz weit hinüberhüpfen. Da liegt noch ein Hindernis: ein Baumstamm mitten auf dem Weg. Jetzt müssen sie ganz hoch darüberspringen. Auch Pferdchen werden müde und gehen zwischendurch im Schritt.»

– «Wir singen und spielen miteinander ein Lied:
Tschu, tschu, tschu, die Eisenbahn
Da außer uns beiden niemand mitfahren kann, wandeln wir das Lied ein wenig ab:
Tschu, tschu, tschu, die Eisenbahn,
wer will mit zur Oma fahrn,
alleine fahren mag ich nicht,
da nehm ich mir noch jemand mit!

Anhalten! Wer mag einsteigen? Niemand will mit? Dann fahren wir weiter zur nächsten Station. Bitte die Türen schließen, der Zug fährt ab (pfeifen). Tschu, tschu, tschu, ...

Sicherlich sind beide am Ziel, bevor die Spiele zu Ende sind.

Im Wartezimmer

Eine ganz andere Situation: Mutter und Kind sitzen im vollen Wartezimmer des Arztes. Sie sind noch lange nicht an der Reihe. Man kann sich kaum bewegen, denn es ist sehr eng, es gibt kein attraktives Spielzeug. Alle Anwesenden sind vom Warten nervös.

– Schau genau! «Ich sehe hier im Wartezimmer ein rotes Auto. Wo ist es? Ja, dort oben auf dem Kalender. Jetzt bist du dran, du darfst fragen.» Je nach Alter des Kindes stellt man die Fragen leichter oder schwerer.

– Jetzt ist man froh, wenn man einige Fingerspiele auswendig kann. Viele Kinder im Wartezimmer werden begeistert dabeisein.

– Spiele aus Mutters Handtasche:

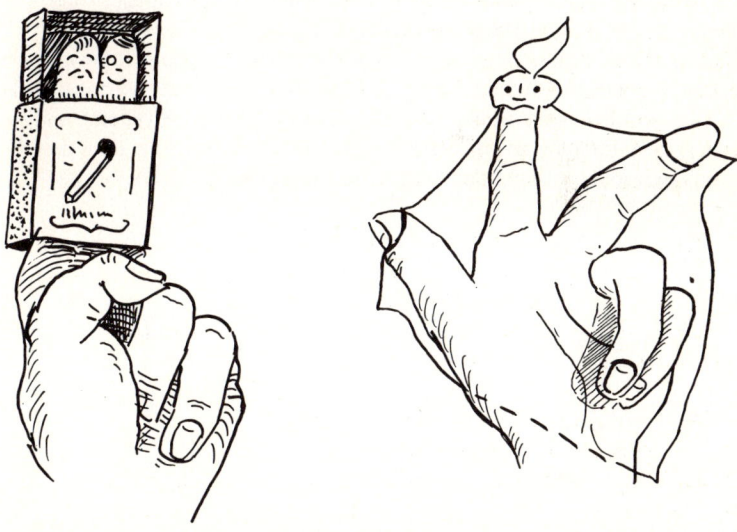

o Mit einer Streichholzschachtel kann man wunderschön spielen: aus den Hölzern legt man Bilder (erst, wenn das Kind sie nicht mehr in den Mund nimmt): Männchen, Bäume, Häuser ... Die leere Streichholzschachtel wird zum Kasperletheater: Man bricht eine Schmalseite der Schublade ab, damit Zeige- und Mittelfinger hineinschlüpfen können. Eventuell muß man die Hülle der Schachtel um zwei cm kürzen, damit auch die Kinderfinger durchreichen. Ein Kugelschreiber oder ein Filzstift malt Gesichter auf die Fingerkuppen – das Spiel kann beginnen.

○ Sicherlich gibt es in der Handtasche auch Taschentücher (mit Papierservietten aus dem Gasthaus geht es auch gut).

Aus dem Papiertaschentuch wird ein Kasperle: Man macht in eine Ecke des Tuchs einen lockeren Knoten, in den man den Zeigefinger hineinstecken kann. In die zwei gegenüberliegenden Ecken reißt man je ein kleines Loch, durch die die Kuppe des Mittelfingers und des Daumens gesteckt werden. Der Filzschreiber malt ein Gesicht auf den Knoten.

○ Es herrscht große Aufregung: Die Puppe wurde vergessen! Vielleicht kann dieses Schmusebaby trösten?

Die Faust ist der Kopf, auf den Handrücken wird ein Gesicht mit Haaren gemalt, ein kleines Tuch oder eine Serviette darumgebunden. Ein Halstuch oder ein Schal wird als Zudecke um den Arm gewickelt. Nun kann das Baby geschaukelt und geschmust werden.

○ In der Handtasche gibt es vielleicht auch ein wenig Papier, dann könnte man Schiffchen fahren lassen: Der Tisch des Wartezimmers wird zum See, eine Illustrierte liegt als Insel in der Mitte, eine andere liegt als Ufer am Rand des Tisches, ein Stift wird zum Steg, über den die Passagiere die anlegenden Schiffe betreten, usw.

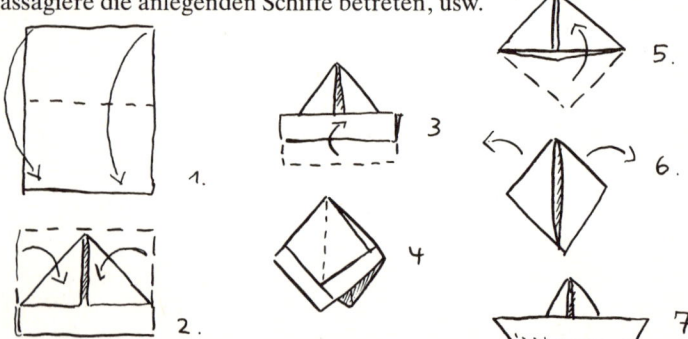

Vielleicht sind in Mutters Handtasche noch andere Schätze verborgen?
– eine kleine Streichholzschachtel mit Minibausteinen
– ein kleiner Vollgummiball mit Gummiband und Ring daran

Lange Autofahrten sind eine Herausforderung an das Spielgeschick und den Einfallsreichtum der Beifahrer: Handpuppen, selbstgemacht, sind da eine große Hilfe.

– Stifte und Papier für Malspiele
– kleine Bilderbücher (in der Pixi-Reihe gibt es inzwischen einige, deren Bilder und Texte recht gut sind) und vieles mehr.
Ruft der Arzt jetzt Mutter und Kind auf, wird vielleicht manches Kind protestieren.

Eine Autofahrt verkürzen

Eine schwierige Situation ist das Autofahren mit kleinen Kindern. Die meisten Babys fahren gerne und schlafen duch das leichte Schaukeln und Brummen schnell und zufrieden ein. Das ändert sich aber bald: Der Bewegungsdrang des Kindes läßt das Eingesperrtsein in den engen Kindersitzen zur Qual werden. Viele Eltern nehmen schließlich das Kind heraus und lassen es auf dem Schoß sitzen. Und sie haben dabei ein schlechtes Gewissen, weil das Kind jetzt nicht ausreichend gesichert ist.
   Da hilft nur, das Autofahren zu einer schönen Aktion werden zu lassen:

Gemeinsam wird gepackt, Spielzeug hergerichtet, Brotzeit in einem Rucksack verstaut, die Lieblingspuppe für die Reise angezogen ...

Kürzlich saßen wir zu viert im Auto: Ein befreundetes Ehepaar mit ihrem eindreivierteljährigen Mädchen und ich. Eine dreistündige Fahrt stand uns bevor. Bisher waren lange Strecken kein Problem gewesen.

«Aufmachen, Mama, auf!» Monika war ganz aufgeregt. Sie versuchte vergeblich, den neben ihr stehenden kleinen Koffer zu öffnen. Ihre Mutter lachte. «Dies ist unser Reise-Überraschungskoffer. Er bleibt immer im Auto. Für größere Fahrten stecke ich zu den bekannten Dingen immer wieder etwas Neues hinein, ein kleines Bilderbuch, ein Steckspiel!» Diesmal war eine Lochplatte dazugekommen (s. Nr. 205). Monika hatte sie gleich entdeckt und probierte herum; sie hatte bald heraus, worum es ging: Mit einer langen am Ende versteiften Schnur konnte man durch die Löcher hin und her nähen.

Lange Zeit spielte sie mit dem Steckspiel und den anderen Gegenständen aus dem Koffer.

Schließlich sah sie zum Fenster hinaus und begann zu summen. «Mama, singen!» Jeder Mitfahrer durfte sich abwechselnd ein Lied wünschen. Wußten wir nicht weiter, so war schnell Rat geholt: Neben dem Autoatlas lagen ein Liederbuch und ein Buch mit Fingerspielen bereit. Begeistert klatschte Monika in die Hände, ruderte mit den Armen und schaukelte mit dem Oberkörper hin und her. Sie verschaffte sich auf diese Weise sogar einige Bewegung. Die Zeit verging wie im Fluge. Schließlich wurde Monika müde, bekam ihre Teeflasche und schlief ein.

Diese lange Autofahrt war anstrengend, und doch machte sie Spaß: Sieht man sie als Chance, gemeinsam mit viel Zeit zu singen und zu spielen, so kann das Eingesperrtsein in dem engen Metallkasten auf einmal etwas Kuscheliges bekommen.

Was alles in einem Auto-Überraschungs-Koffer stecken kann:
- kleine Bilderbücher
- kleine Autos
- kleine Geschicklichkeitsspiele
- zwei Kasperlefiguren
- ein Lochbrett (s. Nr. 205)
- Papier und Stifte
- ein einfaches Steckspiel (wenn ein Erwachsener daneben sitzt und heruntergefallene Einzelteile aufheben kann)
- ein Holzpuzzle mit größeren Teilen
- ein Haftspiel (aus einer kräftigen farbigen Folie ausgestanzte Figuren haften auf der Fensterscheibe und lassen sich wieder abziehen)
- Puppe oder Bär mit Kleidern ...

Solch ein Auto-Überraschungs-Koffer ist übrigens besonders hilfreich

Hoch soll er leben ...

... drei mal hoch!
Schaukeln macht
Durst!
Dann schmeckt die
Wurst.

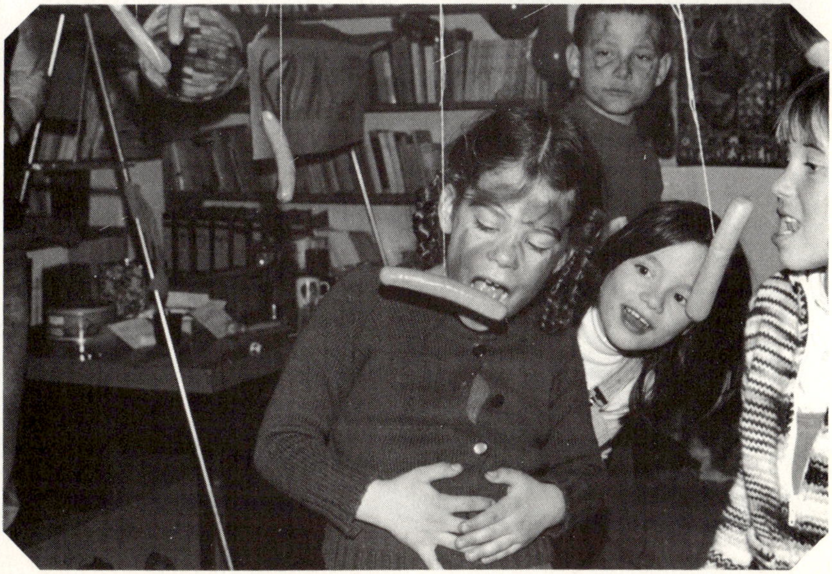

für Fahrten ohne Beifahrer, bei denen das Kind selbständig spielen muß.

Im Auto hat man auch Zeit, von Liedern die zweite und dritte Strophe zu lernen. Man hat Zeit, sich Fingerspiele einzuprägen und sie zu wiederholen, bis man sie beherrscht.

Miteinander spielen kann man alles, wozu man nicht viel Platz und Bewegung und wozu man keine gefährlichen Gegenstände braucht (wie z. B. Nadel und Schere, falls plötzlich gebremst werden muß!).

– Ideal sind Kasperlefiguren oder Tiere und Puppen, mit denen man Geschichten spielt, erzählt, sie in Schlaf singt, wieder aufstehen läßt und anzieht, die man springen und tanzen läßt.

– Im Auto hat man viel Zeit, Bilderbücher genau und ausgiebig zu betrachten und in allen Einzelheiten zu entdecken.

– Auf dem Tisch des Kindersitzes kann man recht gut malen. Vielleicht erfindet man gemeinsam neue Malspiele (vgl. Nr. 122–131).

Geburtstag

Ein neunjähriges Mädchen erzählt: «Unsere Geburtstage beginnen immer gleich. Das finde ich gut so, denn dann kann man sich vorher immer auf alles freuen. Meine Eltern richten schon am Abend vorher den Geburtstagstisch: Mein Lieblingskuchen mit den Kerzen drumherum steht in der Mitte, daneben ein Blumenstrauß – bei mir ist es immer ein Tulpenstrauß, die mag ich gern, und die gibt es zu der Zeit. Daneben liegen die verpackten Geschenke. Wenn am Morgen alle fertig angezogen sind, bekomme ich den Geburtstagskranz aufgesetzt. Im Flur singen wir gemeinsam «Happy birthday to you», dann gehen wir ins Wohnzimmer, wo die Kerzen schon brennen. Dort lassen sie mich dann erst mal hochleben – dann darf ich endlich die Päckchen aufmachen. Meine Geschwister kriegen auch immer eine Kleinigkeit, damit sie nicht so traurig sind. Zu Mittag gibt es natürlich mein Lieblingsessen!»

Rituale sind wichtig für Kinder: Regelmäßig wiederkehrende Abläufe sind verläßliche Strukturen, an die sie sich erinnern und auf die sie sich freuen können. Für Rituale gibt es keine Regeln; wie sie ablaufen, entwickelt sich in jeder Familie anders.

Erwartungsvolle Gespanntheit vor einem Festtag, flüstern, Geheimnisse, viele Kerzen, gemeinsame Lieder, raschelndes Papier, kleine Überraschungen – schon sehr kleine Kinder spüren die Besonderheit eines solchen Tages. Sie reagieren darauf unterschiedlich:

– Das eine Kind strahlt zufrieden und ist glücklich darüber, den ganzen Tag über im Mittelpunkt zu stehen.

– Ein anderes bricht in Tränen aus, wenn das Geburtstagslied gesungen wird: «Aufhören, nicht singen!» Es kann die Aufregung und die Feierlichkeit nicht ertragen.

– Ein drittes verfällt in Hektik. Es rast und tobt durch die Wohnung, schmeißt Papiere und Geschenke um sich und ist kaum zu bremsen.

Martin hatte sich gewünscht, daß seine Mutter für den Kindergeburtstag sein Lieblingstier, eine Katze, backen sollte. Aus Hefeteig entstand tatsächlich eine wunderschöne, braune Katze mit Haselnußaugen und Haselnußnase, Zahnstocher wurden zu Schnurrhaaren, ein langer Schwanz ringelte sich um sie.

Die Katze machte sich prächtig auf der Geburtstagstafel. Erwartungsvoll saßen die kleinen Gäste am Tisch.

Die Mutter wollte den Katzenkuchen anschneiden, da brach Martin in Tränen aus. «Nein, nein, das darfst du nicht!» Er riß ihr das Messer aus der Hand und brachte es in die Küche.

Alle Überredungskünste halfen nicht; die Katze durfte nicht angeschnitten werden. Die Geburtstagskinder waren sehr enttäuscht, gaben sich aber schließlich mit Keksen und Salzgebäck zufrieden.

Dies kann einen Erwachsenen, der sich vielleicht alles sehr schön ausgedacht hatte, auf eine große Geduldsprobe stellen. Da heißt es, behutsam zu agieren, damit der Festtag nicht im Familienkrach endet.

Es gibt kleine Kinder, die durch große Geburtstagsfeste überfordert sind; den meisten aber macht man damit eine große Freude. Aber man muß sich den Ablauf vorher gut überlegen.

Die ersten Geburtstagsfeste mit unseren Kindern hatten meist folgendes Programm:

Zunächst mußten sich die Anwesenden ein wenig kennenlernen: Dies geschah in lockerer, großer Runde beim Auspacken, Begutachten und Ausprobieren der Geschenke oder an der festlich gedeckten Tafel. Während des Essens konnte man sich bekanntmachen, ein wenig voneinander erzählen und miteinander Kontakt bekommen.

Dann folgte ein ruhiger Teil: Unsere Kinder fanden es immer schön, von einem Geburtstag etwas mit nach Hause zu nehmen. Weil ich mich aber über die vielen sinnlosen, weil gleich kaputten Plastiksachen geärgert habe, die sie oft mit nach Hause brachten, bereiteten wir lieber eine Beschäftigung oder ein Spiel vor, aus dem sich etwas zum Mitnehmen ergab.

Danach hatten alle Bewegungsdrang und Lust zu Spielen mit viel Bewegung. Manchmal wurde die Reihenfolge auch umgedreht, wenn sich die Kinder zuerst bewegen wollten. Es ist aber unbedingt zu empfehlen, sich vorher einen ruhigen Programmteil zu überlegen. Sonst kann besonders bei älteren Kindern ein Nachmittag für alle Beteiligten allzu anstrengend werden.

Zwei Jahre alt

Zweijährige feiern nicht wie die Großen. Dennoch kann es mit den Kleinen sehr schön werden, wenn man das Programm entsprechend plant: Die Angebote sollten möglichst offen sein, d. h. nicht mit der Teilnahme einzelner Kinder stehen oder fallen.

Ideen für eine ruhigere Beschäftigung:
– Jedes Kind bekommt ein Purzelmännchen. Sie dürfen sie über ein schräges Brett mit einer Decke darauf herunterrollen lassen – und am Ende mit nach Hause nehmen.
– Ein Blumentopf wird bemalt und mit Erde gefüllt. Dann darf jeder ein paar Sonnenblumenkerne oder eine kleine blühende Pflanze hineinpflanzen.
– Ein großes Blech mit Lebkuchenteig ist vorbereitet. Die Kinder dürfen ihn gemeinsam mit Nüssen, Mandeln und Rosinen verzieren und nach dem Backen mitnehmen.
– Jedes Kind bekommt eine Kerze geschenkt und darf sie mit Verzierwachs verschönern – und mitnehmen.
Im Kapitel Werkeln finden sich noch viele weitere Beispiele.
– Wenn die Kinder bei diesen Beschäftigungen Hunger bekommen haben, sind im Garten Gebäckstücke versteckt. Wer eines findet (Hilfen sind erlaubt!), darf es essen oder mit nach Hause nehmen.

Danach müssen sich die Kinder auch richtig bewegen und austoben:
– Ein Erwachsener stellt sich auf einen Stuhl und macht Seifenblasen: Die Kinder fangen sie.
– Oder sie spielen mit vielen großen Luftballons.
– Oder man legt eine Platte mit Tanzmusik auf, und sie beginnen zu tanzen.
– Oder man spielt Fangen: Alle Kinder fangen den Erwachsenen, tollen mit ihm und werfen ihn zu Boden.
– Ein breites Brett, an einen Tisch gelehnt, wird zur begehrten Rutschbahn.
– Ein Erwachsener (oder mehrere) ist ein Pferd, auf dem die Kinder abwechselnd reiten dürfen.
(Siehe auch im Kapitel Bewegungsspiele: Dort finden sich noch viele geeignete Vorschläge.)

Sind die Kinder dann außer Rand und Band, schaut man vielleicht gemeinsam ein Buch an, oder man erzählt eine ganz einfache Geschichte, damit sie wieder zur Ruhe kommen. Vielleicht erfrischt jetzt auch ein Eis. Als Abschluß eignet sich ein Kreisspiel. Es macht nichts, wenn nicht alle mitmachen.

Drei Jahre alt

Dreijährige können schon wesentlich intensiver feiern. Man kann jetzt gemeinsam mit den Kindern den Geburtstag und das **Werkeln** vorbereiten:
– Man kann Plätzchen und Kuchen backen.
– Für die Festtafel werden Deckchen geschnitten und Blumen gepflückt.
– Jeder Gast bekommt eine selbstgefaltete und bemalte Wundertüte, in der eine Überraschung steckt. Werden die Tüten an einer langen Schnur aufgehängt, sind sie zugleich Raumschmuck. Jedes Kind darf sich eine aussuchen.
– Die Kinder dürfen sich eine Kette aus verschiedenen Materialien auffädeln: Makkaroni, Strohhalmstücke, Perlen, Knöpfe. Jeder darf seine Kette mitnehmen.
– Sind die Kinder ein wenig erfahren im Werkeln, macht es Spaß, einfache Stabpuppen zu basteln und anschließend mit ihnen zu spielen. Vielleicht entsteht schon eine kleine Geschichte.

Eine ganz besondere Freude macht man den Kindern, wenn man ihnen eine Kasperlegeschichte vorspielt. Das ist gar nicht so schwer, denn die Handlung muß denkbar einfach und verständlich sein: Drei Figuren genügen dafür, z. B. Kasperle, Krokodil und Großmutter. Kasperle hat erfahren, daß ein Krokodil frei herumläuft. Es soll gefangen werden. Das Krokodil läuft hinterher, er sieht es aber nicht, weil es sich hinter ihm versteckt. Als die Großmutter es erblickt, fällt sie in Ohnmacht. Gemeinsam fangen sie es, bringen es in den Tierpark und besuchen es dort ...
(Ideen und Anleitungen für solche einfachen Spiele findet man in: Manuela Mechtel 1982)

Für einfache Stücke braucht man kein richtiges Theater, hinter dem man spielt. (Sind die Kinder mit einem Theater nicht vertraut, müssen sie während des ganzen Stückes schauen, was dahinter passiert.)

Man kann sich hinter einen Tisch setzen, die Tischdecke bis auf den Boden herunterziehen und anfangen zu spielen. Hat man geendet, spielen die Kinder sicher noch eine Zeitlang weiter.
– Oder soll für das Geburtstagskind gemeinsam etwas gebastelt werden? Z. B. etwas aus Körnern (vgl. Nr. 138), Schnipseln (vgl. Nr. 133) oder Papierkügelchen oder Wollfäden (vgl. Nr. 133)?
Vielerlei Spiele können in diesem Alter gespielt werden:
– Dampferfahren (vgl. Nr. 140),
– Angeln (vgl. Nr. 208),
– Taler, Taler (vgl. Nr. 114),
– Verstecken in mancherlei Variationen:
Die Kinder dürfen sich in der Wohnung verstecken, der Erwachsene oder das Geburtstagskind beginnt mit Suchen; ein Gegenstand wird im

Zimmer versteckt: Wer ihn gesehen hat, ruft «ich sehe», läßt ihn aber liegen, bis ihn auch der letzte gefunden hat. Wer ihn als erster (oder letzter) fand, darf jetzt verstecken.

Kleine Süßigkeiten werden im Raum versteckt, wer sie findet, darf sie essen – wer zu kurz kam, bekommt extra etwas.

– «Schau genau»: Etwa fünf Gegenstände liegen auf dem Tisch. «Schaut sie euch genau an und merkt euch, was da liegt und wie es liegt!» Während alle sich die Augen zuhalten, wird etwas verändert, entweder ein Gegenstand kommt weg oder einer kommt hinzu oder einer wird verschoben.

– Schaut euch gegenseitig genau an: Wenn ihr die Augen zumacht, verändere ich etwas an einer Person (z. B. jemandem einen Schuh ausziehen, einen Hut aufsetzen . . .).

– Schaut euch im Zimmer um: wenn ihr die Augen zu macht, verändere ich etwas. Wer es errät, darf das nächste Mal ändern, aber jeder kommt einmal dran.

Man kann sehr viel mehr und Schwierigeres spielen, da die Kinder ein ganzes Stück größer geworden sind. Doch auch mit drei Jahren haben die meisten noch Scheu davor, sich die Augen verbinden zu lassen (für Topfschlagen), oder sie brechen ein Spiel einfach ab, trauen sich plötzlich nichts mehr.

Geschicklichkeitsspiele

– Strohhalme und Papierstückchen: Jeder bekommt einen Strohhalm und zwei Teller. Auf einem liegen etwa zehn Stückchen Papier. Dieses Papier soll von einem Teller auf den anderen gelegt werden, indem man je ein Stückchen mit dem Strohhalm ansaugt. Dieses Spiel kann man auch als Wettspiel mit zwei Mannschaften spielen, die Papierchen einige Meter weiter ablegen lassen usw.

– Wer kann einen Apfel auf einem kleinen Brettchen bis zum Ende des Zimmers bringen, ohne daß er herunterfällt?

– Wer kann ein Glöckchen dorthin bringen, es darf aber erst am Ziel bimmeln!

– Schiffchen im Sturm: Aus Transparentpapier hat man mehrere kleinere Schiffchen gefaltet (vgl. Nr. 144), alle Kinder knien dicht um den Kindertisch und blasen die Schiffchen. Sie dürfen nicht mit den Händen berührt werden und nicht herunterfallen. Variation: Alle legen sich bäuchlings im Kreis auf den Boden ganz dicht beieinander: Ein Tischtennisball wird hin und her geblasen.

Ganz besonders beliebt waren bei uns *Geburtstage unter einem Motto:* Jeweils passend wurde gebastelt, getanzt, gesungen und gespielt. Solch ein Geburtstag erfordert allerdings einiges an Vorüberlegungen und Vorbereitung.

Die Vogelhochzeit Das Lied von der Vogelhochzeit wird gelernt, jeder verkleidet sich und spielt einen Vogel.

Zehn kleine Musikanten Das Buch von L. From, D. Kreusch-Jacob eignet sich gut, um mit den Kindern die Musikanten zu singen und zu spielen. Anregungen für die Durchführung finden sich in dem Buch.

Frederick von Leon Leonni: Diese Geschichte ist wunderschön und ganz einfach zu spielen. Die unbedingt dazugehörigen Lieder von F. Vahle kann man mit Hilfe der Schallplatte leicht lernen.

Indianerfest Alle machen sich den gleichen Kopfschmuck und bemalen sich gegenseitig. Anschließend feiern sie ihr Indianerfest mit wilden Tänzen und Trommelmusik. Das Essen (kleine fertig gebratene Hackfleischbällchen) wird auf Schaschlikspieße gesteckt und über dem offenen Feuer gebraten (ein Esbitwürfel in einem Topf) und dazu Feuerwasser getrunken. Ein Geschichtenerzähler berichtet von vergangenen Abenteuern.

Blumenfest Zugeschnittene Kreppapierbahnen werden am Rande zu Röckchen und Hüten aufgefädelt. Die Kinder spielen (während der Erwachsene die Geschichte erzählt), wie die Blumen im Winter unter der Erde kauern und warten, bis sie den Frühling spüren, einen Arm nach oben recken, noch einen, die Schulter drückt nach oben, bis schließlich die Blüte entfaltet ist – und das Kind steht.

Zirkus zu veranstalten, ist über Jahre hinweg beliebt. Allerdings sollten die geladenen Kinder vorher darüber informiert worden sein, damit sie sich eventuell zu Hause eine Rolle aussuchen und sich entsprechend verkleiden können. Weiß jeder, was er machen will, kann eine Aufführung für die abholenden Eltern geprobt, Stühle gestellt, Eintrittskarten geschrieben werden usw.

Anhang

I. Spielzeugempfehlungen

Die folgenden Empfehlungen sind subjektiv: Sie basieren auf der Erfahrung mit drei eigenen und vielen fremden Kindern. Die Aufzählung will nicht vollständig sein. Sie möchte helfen, sich im Spielzeugangebot zu orientieren, indem sie einen Überblick über die verschiedenen Arten von Spielzeug gibt, die für Kleinkinder wichtig sein könnten. Für jede Spielzeugart gibt es wieder ein großes Angebot verschiedener Hersteller. Es werden in der Regel keine Empfehlungen für bestimmte Produkte gegeben. Solche können z. B. im Buch des Arbeitsausschusses nachgelesen werden. Hier soll nur beschrieben werden, worauf bei der Auswahl geachtet werden sollte.

Die einzelnen Spielsachen wurden dem ersten, zweiten und dritten Lebensjahr zugeordnet. Eine solche Gliederung kann nur eine grobe Orientierung geben. Im Einzelfall muß immer neu überlegt werden, was für ein bestimmtes Kind im Augenblick sinnvoll ist. (Gleiches gilt natürlich auch für die Altersangaben auf den Packungen).

Spielzeug für das erste Lebensjahr

Mobiles zum Schauen: Es gibt viele schöne Mobiles zu kaufen, die meisten erfüllen aber nicht ihren Zweck. Von unten, vom Bettchen oder von der Decke aus, sieht das Kind sie nur als dünne Striche, ihre Formen sind nur von der Seite zu erkennen. Ein für das Baby erkennbares Mobile zu basteln ist denkbar einfach: Aus Papier geschnittene Schmetterlinge oder Vögel (s. Nr. 150–152) hängt man an kurze Äste, die als Mobilebügel dienen (oder gekaufte Mobilebügel).

Klangspiele zum Schauen und Hören: Die Töne eines hölzernen Klangspiels sind so leise und zart, daß sie kein Baby erschrecken. Schlagen die Eltern die Holzglocken immer wieder an, wird es sie bald freudig wiedererkennen. Kann es greifen, setzt das Kind das Klangspiel selbst in Bewegung (erhältlich von Firma Schowanek und der Meistergilde).

Etwas zum Schauen für der Kinderwagen: Ich hatte für unsere Kinder Ketten mit Kugeln, Glocken oder Männchen über den Kinderwagen gespannt. Doch sie haben sie nicht beachtet: Als ganz Kleine konnten sie diese nur schlecht sehen, als Größere hatten sie draußen so viel zu entdecken, daß der gleich-bleibende Schmuck im Wagen uninteressant war. Ein farbiger Luftballon oder ein Windrädchen, an das Verdeck des Wagens gebunden, genügt völlig, um schon die ganz Kleinen zu erfreuen.

Rasseln und Greifspielzeug: Das Angebot an Rasseln und Greifspielzeug ist groß. Von «spiel gut» wurden bisher etwa 65 verschiedene Gegenstände zwischen DM 1,30 und DM 28,– ausgezeichnet!

Das Spielzeug sollte ungiftig sein. In diesem Alter hat ein Kind das Spielzeug häufig im Mund. Mir waren deshalb Gegenstände aus unlackiertem Holz am sichersten und am angenehmsten: Holz fühlt sich schön an.

Als erstes Greifspielzeug genügt ein einfacher Ring oder ein kurzer Stab, den die kleine, noch ungeschickte Hand fest umschließt. Nichts hindert, das Wechseln von einer Hand in die andere, zu üben. Kann das Baby sicher greifen und festhalten, bekommt es einen schwierigeren Greifling, etwa eine Scheibe, durch die dicke Schnüre und Kugeln an den Enden gezogen werden – oder eine Glöckchenrolle (Schowanek), die man sich zurollen kann (bei meinen Kindern hieß sie: «Glöckchen im Käfig»).

Andere Dinge zum Greifen: Im Haushalt gibt es viele Dinge, die zu untersuchen interessant ist: Eierlöffel, Eierbecher, Deckel, Korken, Schachteln, kleine Dosen usw.; das etwas ältere Kind erforscht die Schlagsahnespritze, den Schneebesen, den Trichter usw. Bis weit ins zweite Lebensjahr findet sich immer wieder etwas Neues – was zudem nichts extra kostet!

Ein einfaches buntes Baumwolltuch, etwa in der Größe eines Taschentuchs, ist ein sehr schönes Spielzeug. Es läßt sich leicht greifen und fassen, in den Mund stopfen, anschauen, fühlen ... Man kann sich sogar dahinter verstecken.

Eine einfache Puppe oder ein Tier (s. Nr. 200): Puppen oder Tiere aus Stoff oder Wolle sollten sehr weich und nicht zu groß sein, damit das Baby sie leicht greifen und mit ihnen hantieren kann. Natürlich muß man sie auch waschen können (z. B. Frottee-Bär von Käthe Kruse oder Betty Werfpuppe der Firma Profound).

Erste Bilderbücher: Meinen beiden Großen hatte ich ein erstes Leporello aus Plastik gekauft, aus Angst, sie könnten sich an einem Buch verletzen. Aber ich fand diese Bücher nicht schön: In das weiche Plastik hineinzubeißen ist nicht angenehm. Außerdem platzten die geschweißten Nähte bald auf, so daß die Schaumgummifüllung zum Vorschein kam. Und Plastikbücher sind überflüssig: In Kunstgewerbegeschäften gibt es Stoffbilderbücher zu kaufen (oder man näht sie sich selbst, s. Nr. 201). Unser Jüngster konnte schon bald mit Pappbüchern hantieren (die ersten haben abgerundete Ecken) und hat sich nicht daran weh getan.

Autos: Das erste Auto sollte sehr stabil sein und sich in einem Griffloch tragen und schieben lassen. Natürlich müssen die Kanten abgerundet sein, damit sich das Kind nicht daran verletzt. Ein solches Auto kann man auch wie einen Ball zwischen den Beinen hin und her rollen lassen.

Bälle: Ideal, weil schön weich und gut zu greifen, sind zunächst Stoffbälle. Ein Wasserball als Ergänzung eröffnet weitere Spielmöglichkeiten.

Spieluhr: Ich habe mit einer Spieluhr nicht viel anfangen können. Ich fand es schöner, die Kinder selbst in den Schlaf zu singen. Wer dies nicht mag (es kann jeder), der soll dem Baby eine Spieluhr geben. Viele Kinder hängen sehr lange daran.

Baublöcke: Die Baublöcke von Fisher-Price haben unsere Kinder schon früh beschäftigt. Die hölzernen Stöcke können sie gut fassen. Später versuchen sie, die Plastikscheiben aufzuspießen und wieder abzuziehen.

Stapelbecher: Auch wenn die Kinder sie im ersten Lebensjahr noch nicht zu Türmen stapeln, so spielen sie doch gerne mit Stapelbechern: sie füllen sie und stecken sie ineinander usw. Becher aus dünnem Plastik verziehen sich allerdings leicht und lassen sich dann nicht mehr problemlos stapeln. Hölzerne Würfel mit einfachen klaren Bildern darauf finde ich am schönsten.

Steckturm: Auch Stecktürme gibt es in verschiedenen Ausführungen, aus Holz oder Plastik, als Männchen oder Tiere: Auf einen aufrecht stehenden Stock werden verschiedene farbige Scheiben gesteckt. Diese Beschäftigung macht allen Kindern lange Zeit viel Spaß.

Hampelmann: Ein Hampelmann ist nicht notwendig – aber schön. Er muß allerdings einen kräftigen Zug aushalten und sollte deshalb unbedingt aus Holz sein.

Telefon: Das Telefon ist schon für die Kleinen kolossal anziehend. Leider habe ich bisher keine überzeugende Ausführung eines Spieltelefons gefunden. Die einfachen Plastiktelefone sind sehr schnell kaputt, weil sie die unvorsichtige Behandlung durch die Kinder nicht aushalten. Das Telefon von Fisher-Price ist zwar relativ stabil, aber häßlich, und hat für ein Telefon unsinnige Funktionen (Räder und rollende Augen). So muß jeder sehen, welchen Kompromiß er für sich eingeht. Am besten sind ausrangierte alte Telefone (bei der Post/Störungsstelle nachfragen; dort kann man gelegentlich welche erhalten).

Bauklötze: Noch ist kein großes Bauklotzsortiment notwendig. Man kann dies aber gleich anschaffen und dem Kind zunächst nur die Würfel geben. Mit ihnen kann man leicht erste Türme bauen.

Schaukelpferd mit Sitz: Können Kinder frei sitzen und das Gleichgewicht halten, macht ihnen das Schaukeln großen Spaß. Allerdings wird ein solches Schaukelpferd schnell zu klein. Trägt man sich mit dem Gedanken, später ein großes Schaukelpferd anzuschaffen, so lohnt diese Investition für eine längere Spielzeit.

Schaukeln mit Babysitz: Unser Jüngster fand das Schaukeln in dem Babysitz (Hochsitz mit zwei Reihen Stäben außenherum) so gemütlich, daß er manchmal darin einschlief. Solche Schaukeln lassen sich ohne große Probleme in der Wohnung aufhängen.

Spielsachen für die Badewanne: Sobald das Kind sitzen kann, beginnt es, mit Wasser zu experimentieren. Alle Gefäße, die man füllen und ausschütten kann, sind interessant: Joghurtbecher, Dosen, Plastikflaschen, Gießkanne, Schwamm usw. Mit kleinen Schiffen können die meisten erst später etwas anfangen.

Spielzeug für das zweite Lebensjahr

Im Laufe des zweiten Lebensjahres entdeckt das Kind den intensiveren Umgang mit Spielzeug. Es lernt: Autos rollen, also setzt es dieses Wissen ein und läßt Autos im Zimmer hin und her oder über ein Brett hinunterrollen. Es lernt: Wir gehen einkaufen. Also spielt es Einkaufen gehen. Es lernt: Wenn man Klötze aufeinander setzt, ensteht ein hoher Turm. In diesem Alter können viele Dinge angeschafft werden, die für lange Zeit wichtig bleiben und später für noch intensiveres Spiel ausgebaut werden. Die Liste für dieses Jahr ist entsprechend länger. Aber noch einmal: Nicht alles ist für jedes Kind interessant und nicht unbedingt schon in diesem Alter.

Gegenstände aus dem Haushalt: Das Nachahmen der Mutter und das Mitmachen bei allen ihren Beschäftigungen ist dem Kind besonders wichtig. Wenn es die Nerven der Mutter aushalten, darf das Kind mitmachen, so gut es geht. Es ist dabei sicher lange Zeit am glücklichsten und am dauerhaftesten beschäftigt, z. B. beim Kartoffelwaschen, Spielen mit kleinen Schüsseln und Bechern im Küchenwaschbecken, beim Schneiden einer Banane. Gibt man dem Kind eine Tüte Linsen, einen Trichter, eine Schüssel und einen großen Löffel, wird es sicher einige Zeit beschäftigt sein.

Schlüssel: Fast jedes Kind hat eine Schlüsselphase. Dabei müssen es selbstverständlich echte Schlüssel sein, die in jedem Schlüsselloch ausprobiert werden.

Murmelbahn (Kugelbahn): Dies ist ein ideales Spielzeug für Kindergruppen. Die hinunterklickernden Kugeln faszinieren jedes Kind. Sind mehrere Kinder gleichen Alters zusammen, so werden sie mit großer Wahrscheinlichkeit sehr lange und friedlich alle miteinander an der Kugelbahn spielen. Die einfachsten Kugelbahnen (mit einer Glocke oder einem klingenden Treppchen am unteren Ende) sind die besten. Es gibt sie auch mit kleinen Autos (Firma Christoph Beck).

Eine Freundin schenkte ihrer eineinhalbjährigen Tochter eine Kugelbahn, bei der die Kugeln ein Huhn zum Picken brachten, einen kleinen Hammer klopfen ließen usw. Die Bahn überlebte keine zwei Stunden, dann war das Huhn herausgezogen, der Hammer abgebrochen: Das eigentliche Geschehen, die rollende Kugel, konnte gar nicht beachtet werden.

Es gibt auch Kugelbahnen zum Zusammenstecken. Diese sind für Zweijährige nicht geeignet; eine eigene Konstruktion kann noch nicht gelingen, und bei jeder unsanften Behandlung fällt alles auseinander.

Hammerbank oder Klopfbank, Werkzeug: Hier werden Holzstöpsel mit einem Hammer in die Öffnungen einer Bank getrieben. (Übrigens auch gut als Spielzeug für längere Autofahrten geeignet.) Wie eine Schlüsselphase, so scheinen die meisten Kinder auch eine Hammerphase zu haben.

Eine solche Hammerbank aber macht echtes Werkzeug nicht überflüssig. Es ist etwas anderes, mit einem richtigen Hammer richtige Nägel ins Holz zu treiben, mit einer kleinen Säge dünne Brettchen durchzubekommen.

Sortierbox: Die Sortierbox von Fisher-Price gehört zu den Gegenständen, die mir nicht gefallen, die die Kinder aber sehr lieben. Sobald unser Jüngster ihrer bei Freunden ansichtig wurde, begann er intensiv damit zu spielen. Wahrscheinlich sind es die einfache Mechanik und das Verschwinden-Lassen und Wiederauftauchen der Formen, die so faszinieren.

Steckbecher: Mit der Sortierbox vergleichbar sind die Steckbecher: Durch verschiedene Öffnungen werden Figuren mit entsprechender Grundfläche gesteckt. Die meisten Kinder mögen das und sind sehr stolz, wenn sie alle Teile richtig einsortiert haben.

Die besten Erfahrungen haben wir mit Steckbechern mit nur vier bis fünf verschiedenen Öffnungen gemacht. Mehr Öffnungen verwirren, und wenn Kinder alt genug sind, damit zurechtzukommen, ist das Spiel nicht mehr interessant.

Steckspiel (mit Plastikknöpfen): Bunte Plastikknöpfe mit Stiel werden in eine Lochplatte gesteckt. Viele Kinder beschäftigen sich gerne damit. Meine Kinder bekamen es einmal geschenkt, doch mir war es sehr lästig: Die Knöpfe lagen natürlich immer überall herum und zerbrachen beim Drauftreten. So war dieses Spiel sehr bald kaputt.

Hölzernes Steckspiel: Sehr viel schöner finde ich hölzerne Steckspiele – und die Kinder mögen sie genauso gerne: In die runden Löcher einer dicken Holzplatte werden verschieden lange (und bunte) Rundhölzer gesteckt (z. B. von Brio). Wer ein Solitaire-Spiel mit nicht zu kleinen Steckhölzern (diese werden sonst zu leicht verschluckt) besitzt, kann diese dem Kind ausleihen. Die Stöckchen herauszuholen und wieder hineinzustecken, macht es mit großer Ausdauer.

Große bunte Perlen zum Auffädeln: Manche Kinder mögen dies, andere gar nicht. Wichtig ist, daß das versteifte Ende der Fädelschnur länger ist als der Durchmesser der Perlen. Sonst ist das Fädeln zu schwierig und das Kind gibt deshalb auf.

Nopper: Nopper ist ein einfaches Konstruktionsspiel, mit dem schon ganz Kleine gut zurechtkommen. Die Teile haften in jeder Richtung aneinander und sind ebenso leicht wieder voneinander zu trennen. Mit Hilfe von beweglichen Rädern, die an festen Achsen hängen, werden bald erste Autos gebaut.

Dieses System für größere Kinder auszubauen scheint mir aber nicht sinnvoll: Genaues Bauen und Konstruieren ist damit sehr mühsam.

Lego-Duplo: Gegen Ende des zweiten Lebensjahres können die meisten Kinder einfache Türme bauen und auf fertige Wagenuntergestelle drücken. Dieses System läßt sich mit vielen Zusatzkästen später ausbauen. Es gibt aber eine Reihe von Kindern, die lieber gleich zu den kleinen Legosteinen greifen und mit ihnen bauen.

Puzzles: Die ersen Puzzles sind Einlegepuzzles: In einen festen Rahmen werden einzelne Gegenstände einsortiert. Am sinnvollsten sind sie aus Holz. Solche aus Karton werden sehr leicht geknickt oder zerkaut. Holzeinlegepuzzles gibt es inzwischen in reicher Auswahl. Oft wird aber der Schwierigkeitsgrad besonders kunstgewerblich schöner Puzzles unterschätzt: Unsere Tochter bekam mit zweieinhalb Jahren ein Puzzle geschenkt, das wir Erwachsene unbedacht umkippten. Wir brauchten eine Viertelstunde, bis wir es wieder zusammengebaut hatten!

Naturholzbauklötze: Es lohnt auf jeden Fall, eine große Menge guter Naturholzbauklötze anzuschaffen. Die Kinder spielen bis weit in die Schulzeit hinein damit. Kauft man sie in Etappen, so muß darauf geachtet werden, Klötze in der gleichen Grundgröße dazuzukaufen (siehe Nr. 202).

Holzfiguren: Zum Spiel mit Bauklötzen werden bald Figuren gebraucht: Tiere und Menschen, die die Bauwerke bevölkern. Am schönsten sind einfache und kompakte Holzfiguren. Wichtig ist, daß sie gut stehen: ein Kind wird ein Spiel bald abbrechen, wenn der Ärger über immer wieder umfallende Figuren zu groß wird.

Holzeisenbahn: Die Brio- und die Eichhorn-Holzeisenbahn (beide Systeme sind miteinander zu kombinieren) gehören meiner Meinung nach zu den schönsten Erfindungen der letzten Jahre. Sie lassen sich mit den Jahren immer mehr ausbauen. Weil die Kinder bis ins Schulalter damit spielen, lohnt die Investition unbedingt.

Zunächst aber reicht ein einfacher Zug mit Magnetkupplung (ein Autoverladezug) mit Schienenkreis, ergänzt vielleicht durch einen Berg, den der Zug herunterrollen kann.

Verwandte, die dem Kind ein Geschenk machen wollen, finden in diesem System immer etwas Passendes.

Großer Holzzug: Ein großer Holzzug zum Beladen ist wunderschön, aber auch teuer. Liebäugelt man mit einem relativ billigeren Angebot, so achte man besonders auf die Kupplungen. Sie sind oft weder funktional noch stabil genug. Die beste Radaufhängung ist die durchgehende mit Holz- oder Stahlachse.

Holzautos: Oben Gesagtes gilt ebenso für Holzautos, Traktoren, Sattelschlepper usw.

Parkhaus: Parkhäuser sind schon im zweiten Lebensjahr sehr begehrt. Es gibt sie auch aus Holz, doch nicht mit dieser Vielfalt an Funktionen. Billigere Plastikparkhäuser aber lohnen nicht, da sie bald kaputtgehen. Die Ausführung von Fisher-Price aber wird auch die Attacken unseres dritten Kindes überstehen.

Dieses Parkhaus ist Teil eines ganzen Systems: Dazu passend gibt es Wohnhaus, Bauernhaus, kleines Dorf, Feuerwehrhaus und Flughafen, Schulhaus und Krankenhaus. Alles ist gut durchdacht, hat viele Funktionen und ist außerordentlich stabil. Ich finde dieses System nicht schön, vor allem nicht die Figuren. Das stört die Kinder aber wenig, sie spielen sehr gerne damit, vor allem, wenn sie zu mehreren sind und erste kleine Rollenspiele erproben.

Spiele zum Schieben: Bevor die Kinder etwas hinter sich herziehen, schieben sie gerne etwas vor sich her, z. B. einen Glockenroller oder ähnliches. Eltern mit empfindlichen Ohren sollten etwas Geräuscharmes wählen, sonst kann dieses Spielzeug zur Tortur werden.

Spiele zum Nachziehen: Die Auswahl an Tieren und Dingen zum Nachziehen ist wohl annähernd so groß wie jene zum Greifen und Rasseln. Bei der Auswahl ist es wichtig, darauf zu achten, daß die Dinge nicht leicht umfallen. Sonst läuft man Gefahr, bei allen Spaziergängen permanent mit dem Wiederaufrichten der Figur beschäftigt zu sein. Am besten sind flache Gegenstände, die gar nicht kippen können und die Bordsteinkanten leicht überwinden (z. B. der Tatzelwurm von der Firma Praunheimer).

Rutschautos: Als Rutschauto hat sich bei uns der Bobby-Car am besten bewährt, ein rotes Auto mit horizontalem Lenkrad. Es ist so stabil, daß selbst Fünfjährige damit ohne weiteres fahren können. (Sollte der Lenker – die schwächste Stelle – dennoch brechen, so gibt es ihn als Ersatzteil!) Im Gegensatz zu den meisten anderen Rutschautos sitzt das Kind so gut darauf, daß es fast nicht nach hinten kippen kann. Als Zusatzteil gibt es einen Anhänger.

Bollerwagen: Ikea führt einen preiswerten Bollerwagen, in dem auch zwei kleine Kinder Platz haben.

Puppenwagen: Mit einem kleinen Puppenwagen kurven Mädchen wie Jungen gerne herum. Ist er sehr standfest und stabil, kann er sogar Stütze für noch unsichere Läufer sein. Kinder können sich gegenseitig darin herumfahren.

Schaukelpferd: Das Schaukelpony Peter von Konrad Keller ist ein sehr sicheres (das Kind kann nicht hinten wegrutschen) und formschönes Schaukelpferd als Ersatz für ein echtes Pferd.

Sandkasten: Der Sandkasten ist ungemein wichtig. Eimer, Schaufel und Kuchenförmchen sind aber als Spielmaterial zu wenig. Gebraucht werden verschiedene Gefäße aus der Küche, eine alte Bratpfanne, Töpfe, kleine Brettchen, Deckel usw. und natürlich kleine Autos. Wenn dann auch noch eine Gießkanne und Wasser dazu kommen, fehlt wirklich nichts mehr.

Wasserspiele: Für alle Wasserspiele draußen und drinnen sind neben vielen Gefäßen Schiffe mit Männchen zum Aus- und Einsteigen-Lassen begehrt. Eine Badepuppe, der das Kind die Haare waschen kann, lenkt vielleicht sogar vom eigenen ungeliebten Haarewaschen ab.

Kindermöbel: Kindermöbel sind auch Spielgegenstände. Die Kinder können die Stühle alleine tragen, den Tisch schieben. Alles wird zu Kletterpartien aufgebaut, zu Höhlen und Ablagen. Es gibt eine größere Auswahl guter Möbel. Wichtig ist, daß sie standfest und robust sind: Ein Stuhl darf nicht gleich kippen, auch wenn ein Kind darauf kniet und sich gegen die Lehne beugt. Es gibt Kinderstühle in verschiedenen Größen; die ganz kleinen lohnen sich nicht, da die Kinder allzu schnell aus ihnen herauswachsen.

Ball: Im zweiten Lebensjahr wird auch ein Gummiball für das Spiel im Freien gebraucht!

Spielzeug ab dem dritten Lebensjahr

Spielpolster: Zu den wichtigsten Gegenständen über Jahre hinweg gehören bei uns Spielpolster. Schaumgummiwürfel (in den Maßen 30 × 30 × 30 cm) und Schaumgummipolster (60 × 60 × 15 cm), die man sich in Spezialgeschäften zuschneiden lassen kann, wurden mit einem einfachen Stoff bezogen. Sie sind sehr leicht und können deshalb schon von kleinen Kindern gut getragen werden. Die Würfel werden zu Bällen, man kann sich bäuchlings darüber rollen, man kann auf ihnen wie auf einem Pferd reiten, man kann daraus hohe Türme bauen und umschmeißen. Die Polster kann man zu Häusern zusammenbauen, zu Kaufläden, zu langen Tunneln, man kann Betten daraus bauen, darauf springen usw. Kinder können damit alleine oder zu mehreren spielen – über viele Jahre hinweg. Die Kosten für dieses Spielzeug haben sich rasch gelohnt.

Kaufladen: Zwei- bis Dreijährige haben das Prinzip von Kaufen und Verkaufen noch lange nicht begriffen, sie spielen es aber dennoch gerne – eben auf ihre Weise.

Die meisten Kaufläden sind ärgerlich, da sie wenig standfest und so knapp bemessen sind, daß bei der geringsten ungeschickten Bewegung alles aus den Regalen purzelt. Außerdem kann man in ihnen eben nur Verkaufen spielen.

Dieters Holzspielzeug bietet einen Kaufladen an, der vielfältig nutzbar ist: Er ist ein richtiges Haus, in das man hineingeht: Mit Tüchern darum wird es zur Höhle, mit Matratzen darin zum Bett, hängt man einen Vorhang in die Öffnung, kann man ihn auch als Kasperletheater nutzen.

Kaufladenzubehör: Mit den Kaufladen-Schachtelsammlungen, die im Grunde Miniaturausgaben echter Lebensmittelpackungen sind, haben wir keine guten Erfahrungen gesammelt: ebenfalls nicht mit den vielen Marzipan-, Zucker- oder Schokoladennachbildungen. Gerade die Kleinen können nicht widerstehen, die süßen Sachen im Handumdrehen aufzufuttern. In leere Plastikdosen selbst abgefüllte echte Lebensmittel sind zudem weit interessanter: Nudeln, Nüsse, Reis, Rosinen, Mehl usw. kann man schaufeln, umfüllen, abwiegen und in selbst geklebten Tüten (vgl. Nr. 148) verkaufen. Man kann sehr viel mehr tun und experimentieren, das Spiel macht mehr Spaß und ist interessanter.

Waage und Kasse: Ich kann weder eine Kasse noch eine Waage ohne Einschränkung empfehlen. Am besten behilft man sich mit einer schönen Schachtel, in der das Spielgeld verwahrt wird. Eine alte Briefwaage könnte als Waage dienen.

Kasperlefiguren: In diesem Alter sind die Kasperlefiguren noch vor allem für die Hand der Erwachsenen. Nur wenige Kinder schaffen es schon, mit ihnen zu hantieren. Man muß nicht gleich ein ganzes Sortiment anschaffen. Einige wenige Figuren zu Beginn reichen, z. B. Kasperl, Gretel und ein Tier.

Verkleidekiste: Eine Verkleidekiste gehört zu den unverzichtbaren Spielmaterialien. Bei uns wurden bald aus der Verwandschaft «kostbare» Dinge beigesteuert: alte Hüte, Brillen, Stöckelschuhe, Spitzenunterröcke, Westen, Minikleider, bunte Tücher und vieles mehr. Eine Cowboyweste und ein Prinzessinnenkleid kommen sicher mit der Zeit auch dazu. Dazu wird Faschingsschminke das ganze Jahr über immer wieder gebraucht.

Arztkoffer: Meines Wissens hält nur der von Fisher-Price intensiven Gebrauch aus und funktioniert sinnvoll. (Neben der teuren Ausgabe mit Koffer gibt es die gleichen Geräte auch billiger ohne Koffer.) Natürlich werden zusätzlich noch Binden gebraucht (zerschnittene alte Bettlaken oder Klopapier), ebenso Pflaster und Creme.

Noch lange müssen Puppen oder Erwachsene als Patienten herhalten, da diese Rolle bei den Kleinen nicht sehr beliebt ist!

Schaffnerzubehör: Ein Hut, Fahrkartentasche, Trillerpfeife und Fahrkartenzwicker – so ausgestattet will jeder einmal Schaffner sein!

Puppen und Tiere: Puppenmütter und Puppenväter beginnen in diesem Alter, ihre Kinder treu zu umsorgen: Sie brauchen einfache Kleider zum Aus- und Anziehen. An einem kleinen Puppentisch mit Stühlen wird das Geschirr gedeckt und der selbstgebackene Kuchen serviert.

Hat die Puppe einen weichen Körper und ist nicht zu groß, dann ist das An- und Ausziehen gar nicht so schwer.

Das Geschirr muß wohl noch aus Plastik sein, da es sonst zu schnell kaputt ist.

Besen, Rechen, Spaten, Schubkarre: Manche Geräte der Erwachsenen sind zu groß für Kinderhände. Mit einem kleinen Besen mit Kehrschaufel und Handfeger können sie beim Putzen helfen. Mit kleinen Rechen und Spaten sind sie bei der Gartenarbeit dabei.

Taschen und Körbe: Die meisten Kinder haben lange Zeit eine besondere Vorliebe für Taschen aller Art. Verschiedene Dinge, die ihnen aus nicht immer erfindlichen Gründen wichtig sind, verstauen sie darin. Bei uns war lange Zeit ein kleiner Rucksack unverzichtbares Ausstattungsstück, wenn wir das Haus verließen.

Lochbrett: Großen Puzzlern macht sicher ein Lochbrett viel Spaß: Durch die großen Löcher eines Brettes wird ein Faden genäht, der in ein Stück Rundholz (als Nadel) verleimt wurde (vgl. Nr. 205).

Muggelsteine: Diese kleinen bunten Plastikknöpfe sind vielfältig zu verwenden. Viele Kinder benutzen sie als Bau- und Transportmaterial. Sie werden auf Laster verladen und abtransportiert, in Betonmischern gemischt usw. Eigentlich gedacht sind sie zum Legen von Bildern. Da sie leicht verschluckt werden, sollten sie nicht Kindern gegeben

werden, die noch alles in den Mund nehmen.

Brettspiele: Viele Kinder haben jetzt schon viel Spaß an ersten Brettspielen, die aber noch einige Zeit ohne oder mit eigenen Spielregeln gespielt werden müssen. In «Bunte Luftballons» und «Quips» (Ravensburger) geht es um das Zuordnen von Farben: Farb- und Zahlenwürfel braucht man zunächst noch nicht, es werden nur die richtigen Blättchen und Spielsteine aufgelegt.

Bei einem kleinen Farben- und Bilderdomino werden zunächst nur die Bilder benannt, dann vielleicht Türme und Zäune gebaut, gleiche Bilder herausgesucht und erst später richtig angelegt. Für die Kleinen ist zunächst nicht einzusehen, weshalb beim «Lottino» (Ravensburger) gleiche Bilder übereinandergelegt werden sollen.

Bei «Memory» wird zunächst nur mit den Karten gespielt, gleiche werden herausgesucht usw. Je weniger Kartenpaare man am Anfang für ein Spiel auswählt, desto leichter ist es für die Kinder und kann so schon bald gespielt werden.

Barrenturner: Einen Barrenturner seine Purzelbäume schlagen zu lassen, erfordert schon sehr viel Geschick mit den Fingerspitzen!

Klettermännli: Einen oder zwei Männli kann man an zwei Schnüren hochklettern lassen. Läßt man die Schnüre wieder los, sausen sie herunter.

Klettermax: Zwei kleine Männchen purzeln/klettern eine Leiter hinunter und stehen.

Purzelmännchen: Kleine Filzmännchen mit einer beweglichen Kugel am Kopf können über eine schiefe, nicht zu glatte Ebene ihre Purzelbäume schlagen.

Brummkreisel: An einem althergebrachten Brummkreisel haben Kinder auch heute noch ihren Spaß. Der Farbwechselkreisel (Lorenz Bolz) ist selbst für Größere noch spannend: Durch die schnelle Bewegung mischen sich die Farben gelb, rot und blau.

Taschenlampe: Oft ist das schönste Spielzeug ein Nichtspielzeug. Ein Zwei- bis Dreijähriges wird begeistert mit einer Taschenlampe umherziehen, sie untersuchen und auseinanderbauen. Ein teures Exemplar lohnt allerdings nicht, da es wohl nicht lange überlebt.

Dreirad: Die neuen Dreiräder haben fast alle eine abmontierbare Führstange. Diese erspart dem Erwachsenen manche Rückenschmerzen und erlaubt, das Kind verkehrssicher zu lenken, auch wenn es dies selbst noch nicht kann.

II. Empfehlenswerte Bücher

Der Kinderbuchmarkt ist riesig, ein Überblick kaum mehr möglich. In früheren Ausgaben folgte an dieser Stelle eine Liste empfehlenswerter Kinder- und Liederbücher. Wie sich zeigte, ist der Kinderbuchmarkt so schnellebig, daß solche Empfehlungen recht schnell veralten. Ich habe mich darum entschlossen, auf solche konkreten Hinweise zu verzichten. Wer sich im Hinblick auf empfehlenswerte Kinderbücher auf dem laufenden halten möchte, dem empfehle ich folgende beiden Bücher:

Bettina Mähler und Rolf Kreibich (Stiftung Lesen), *Bücherwürmer und Leseratten* rororo Sachbuch Nr. 9676 sowie Raimund Pousset und Gabriele Hoffmann, *Die besten Bücher für Ihr Kind*, rororo Sachbuch Nr. 9375, das ebenso wie dieses Buch, das Sie gerade lesen, in der Reihe «Mit Kindern leben» erschienen ist.

Beide Bücher werden bei Neuauflagen aktualisiert.

Adressen

«spiel gut»
Arbeitsausschuß für Kinderspiel und Spielzeug e. V.
Heimstr. 13
89073 Ulm
Tel. 0731/65663, Fax: 0731/65628

Deutsches Jugendschriftenwerk e. V.
Stiftung Lesen
Fischtorplatz 23
55118 Mainz
Tel. 06131/28890-0, Fax: 06131/230333

Fortbildungsinstitut für die pädagogische Praxis (FIP-Workshop)
Grellestr. 34
10827 Berlin
Tel. 030/7842075, Fax: 030/7883350

Livos Pflanzenfarben
OT Emern Nr. 60
29568 Wieren
Tel. 05825/880

BIOFA Naturprodukte W. Hahn GmbH
Dobelstr. 22
73087 Boll
Tel. 07164/94050

Register I
Welche Tätigkeiten und Materialien in welchen Spielen?

Die erste Zahl nach dem Stichwort im Register bezieht sich auf die Spiele-Nummer, die zweite gibt die Seite an.

Register II:
Alphabetisch – nach den Namen der einzelnen Spiele

Mit einem Blick finden Sie hier die Nummer und Seitenzahl der einzelnen Spiele.
Die erste Zahl nach dem Stichwort im Register bezieht sich auf die Spiel-Nummer, die zweite gibt die Seite an.

216

Literatur

DIEKMEYER, M.: Das Elternbuch, Bd. 1, Stuttgart 1973

HARTMANN, W. u. a.: Spiel, Baustein des Lebens, Wien 1976

HENTIG, H. v. (Hg.): Röll, der Seehund, Köln 1972

LIONNI, L.: Frederic, die Maus, Köln 1980

MECHTEL, M.: Kasperl Querkopf, Oldenburg 1982

MENHARDT, A.: Babysachen selber machen, Reinbek 1983

MÜNCHMEIER, A. B.: Kleinkindertreff, Reinbek 1982

POUSSET, R.: Fingerspiele und andere Kinkerlitzchen, Reinbek 1984

SCHMOLLINGER-BORNEMANN, I. / BORNEMANN, H.: Kinder, Kresse, Rote Rüben, Reinbek 1984

Schwangerschaft, Geburt und
die ersten Lebensjahre.

Ines Albrecht-Engel (Hg.)
Geburtsvorbereitung *Handbuch
für werdende Mütter und
Väter. Empfohlen von der
Gesellschaft für Geburtsvorbereitung*
(rororo sachbuch 9392)

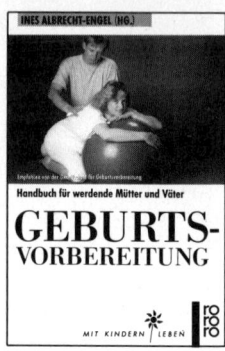

Hermann Bullinger
Wenn Männer Väter werden
*Schwangerschaft, Geburt und
die Zeit danach im Erleben
von Männern*
(rororo sachbuch 7751)
Wenn Paare Eltern werden
*Die Beziehung zwischen Frau
und Mann nach der Geburt
des Kindes*
(rororo sachbuch 8096)

Irene Dalichow
**Sanfte Massagen für Babys,
Kinder und Eltern** *Liebe, die
durch die Haut geht*
(rororo sachbuch 8597)

Ulrich Diekmeyer
Das Elternbuch 1 - 6
(rororo sachbuch 9120 -
9125)

Sabine Friedrich / Volker
Friebel
**Einschlafen, Durchschlafen,
Ausschlafen** *Ruhigere Nächte
für Eltern und Kinder*
(rororo sachbuch 9397)

Regina Hilsberg
**Schwangerschaft, Geburt und
erstes Lebensjahr** *Ein Begleiter
für werdende Eltern*
(rororo sachbuch 8519)

Cornelia von Hoerner-Nitsch
Das Schmusebuch *Zärtliche
Spiele für Babys, Kinder
und Eltern*
(rororo sachbuch 8531)

Inga Bodenburg /
Gunhild Grimm
Was will das Kind denn bloß?
*Kleine Kinder verstehen und
ihnen mehr Erfahrungen
ermöglichen*
(rororo sachbuch 7655)

Liesel Polinski
Spiel und Bewegung mit Babys
*Das Prager Eltern- Kind-
Programm*
(rororo sachbuch 9379)

Bettina Mähler/ Karin
Osenbrügge
Die ersten Wochen mit dem Baby
(rororo sachbuch 8766)

J. Steidinger / K. J. Uthicke
Frühgeborene *Von Babys, die
nicht warten können*
(rororo sachbuch 8504)

Sollten Sie sich weiter
informieren wollen, erhalten
Sie in Ihrer Buchhandlung
kostenlos unseren Katalog
«Bücher für Eltern / Bücher
für Kinder», wo sie alle Titel
der Reihen *Mit Kindern
leben* und *rotfuchs* ausführlich vorgestellt finden.

Helga Biebricher
Scherzfragen, Rätsel, Schüttelreime *Vergessenes und Neues zur Unterhaltung*
(rororo sachbuch 7662)

Gela Brüggebors
Körperspiele für die Seele *312mal Bewegung, Entspannung, Energie. Anregungen zur Psychomotorik*
(rororo sachbuch 8526)
So spricht mein Kind richtig *Entwicklungen und Störungen beim Sprechenlernen. Wie Eltern und Erzieher helfen können. Mit 237 lustvollen Spiel-Ideen.*
(rororo sachbuch 8100)
So lernen Kinder besser *Mentale Fähigkeiten fördern, Lernhemmungen beheben.*
(rororo sachbuch 60154)

Kristina Hoffmann-Pieper
Basteln zum Nulltarif *Spiel und Spaß mit Haushaltsdingen*
(rororo sachbuch 7955)

Barbara Cratzius
Noch mehr Fingerspiele und andere Kinkerlitzchen *Eine Wundertüte für neue Spiellust mit kleinen Kindern*
(rororo sachbuch 8574)
Allererste Kinderrätsel *Denkspaß für Eltern und Kinder*
(rororo sachbuch 9143)

Sharla Feldscher
Das Spiel- und Aktionsbuch *Spaß für Kinder, Eltern, Pädagogen*
(rororo sachbuch 8867)

Bettina Hannsz
Kinder mögen Yoga *Entspannung für Körper und Seele*
(rororo sachbuch 9130)

Beate Seeßlen-Hurler
Kinderfeste *Vorschläge für den Feierspaß von groß und klein*
(rororo sachbuch 8302)

Sollten Sie sich weiter informieren wollen, erhalten Sie in Ihrer Buchhandlung kostenlos unseren Katalog «Bücher für Eltern / Bücher für Kinder», wo Sie alle Titel der Reihen *Mit Kindern leben* und *rotfuchs* ausführlich vorgestellt finden.

Mit Kindern leben

rororo sachbuch